TEMPOS LÍQUIDOS

Obras de Zygmunt Bauman:

- 44 cartas do mundo líquido moderno
- Amor líquido
- Aprendendo a pensar com a sociologia
- A arte da vida
- Babel
- Bauman sobre Bauman
- Capitalismo parasitário
- Cegueira moral
- Comunidade
- Confiança e medo na cidade
- A cultura no mundo líquido moderno
- Danos colaterais
- O elogio da literatura
- Em busca da política
- Ensaios sobre o conceito de cultura
- Estado de crise
- Estranho familiar
- Estranhos à nossa porta
- A ética é possível num mundo de consumidores?
- Europa
- Globalização: as consequências humanas
- Identidade
- A individualidade numa época de incertezas
- Isto não é um diário
- Legisladores e intérpretes
- Mal líquido
- O mal-estar da pós-modernidade
- Medo líquido
- Modernidade e ambivalência
- Modernidade e Holocausto
- Modernidade líquida
- Nascidos em tempos líquidos
- Para que serve a sociologia?
- O retorno do pêndulo
- Retrotopia
- A riqueza de poucos beneficia todos nós?
- Sobre educação e juventude
- A sociedade individualizada
- Tempos líquidos
- Vida a crédito
- Vida em fragmentos
- Vida líquida
- Vida para consumo
- Vidas desperdiçadas
- Vigilância líquida

Zygmunt Bauman

TEMPOS LÍQUIDOS

Tradução:
Carlos Alberto Medeiros

5ª reimpressão

Copyright © 2007 by Gius. Laterza & Figli

Tradução autorizada da primeira edição inglesa, publicada por Polity Press, de Cambridge, Inglaterra

Grafia atualizada segundo o Acordo Ortográfico da Língua Portuguesa de 1990, que entrou em vigor no Brasil em 2009.

Título original
Liquid Times: Living in an Age of Uncertainty

Capa e imagem
Bruno Oliveira

Dados Internacionais de Catalogação na Publicação (CIP)
(Câmara Brasileira do Livro, SP, Brasil)

Bauman, Zygmunt, 1925-2017
  Tempos líquidos / Zygmunt Bauman ; tradução Carlos Alberto Medeiros. – 1ª ed. – Rio de Janeiro : Zahar, 2021.

  Título original: Liquid Times: Living in an Age of Uncertainty.
  ISBN 978-65-5979-002-9

  1. Civilização moderna – Século 20 2. Mudança social 3. Sociologia 4. Pós-modernismo I. Título.

21-60243   CDD: 301

Índice para catálogo sistemático:
1. Sociologia 301

Aline Graziele Benitez – Bibliotecária – CRB-1/3129

Todos os direitos desta edição reservados à
EDITORA SCHWARCZ S.A.
Praça Floriano, 19, sala 3001 – Cinelândia
20031-050 – Rio de Janeiro – RJ
Telefone: (21) 3993-7510
www.companhiadasletras.com.br
www.blogdacompanhia.com.br
facebook.com/editorazahar
instagram.com/editorazahar
twitter.com/editorazahar

· Sumário ·

*Introdução: Entrando corajosamente
no viveiro das incertezas*   7

1. A vida líquido-moderna e seus medos   11

2. A humanidade em movimento   33

3. Estado, democracia e
a administração dos medos   61

4. Fora de alcance juntos   77

5. A utopia na era da incerteza   99

Notas   116

· **Introdução** ·

Entrando corajosamente no viveiro das incertezas

Pelo menos na parte "desenvolvida" do planeta, têm acontecido, ou pelo menos estão ocorrendo atualmente, algumas mudanças de curso seminais e intimamente interconectadas, as quais criam um ambiente novo e de fato sem precedentes para as atividades da vida individual, levantando uma série de desafios inéditos.

Em primeiro lugar, a passagem da fase "sólida" da modernidade para a "líquida" – ou seja, para uma condição em que as organizações sociais (estruturas que limitam as escolhas individuais, instituições que asseguram a repetição de rotinas, padrões de comportamento aceitável) não podem mais manter sua forma por muito tempo (nem se espera que o façam), pois se decompõem e se dissolvem mais rápido que o tempo que leva para moldá-las e, uma vez reorganizadas, para que se estabeleçam. É pouco provável que essas formas, quer já presentes ou apenas vislumbradas, tenham tempo suficiente para se estabelecer, e elas não podem servir como arcabouços de referência para as ações humanas, assim como para as estratégias existenciais a longo prazo, em razão de sua expectativa de vida curta: com efeito, uma expectativa mais curta que o tempo que leva para desenvolver uma estratégia coesa e consistente, e ainda mais curta que o necessário para a realização de um "projeto de vida" individual.

Em segundo lugar, a separação e o iminente divórcio entre o poder e a política, a dupla da qual se esperava, desde o surgimento do Estado moderno e até muito recentemente, que compartilhasse as fundações do Estado-nação "até que a morte os separasse". Grande parte do poder de agir efetivamente, antes disponível ao Estado moderno, agora se afasta na direção de um espaço global (e, em muitos casos, extraterritorial) politicamente descontrolado, enquanto a política – a capacidade de decidir a direção e o objetivo de uma ação – é incapaz de operar efetivamente na dimensão planetária, já que permanece local. A ausência de controle político transforma os poderes recém-emancipados numa fonte de profunda e, em princípio, incontrolável incerteza, enquanto a falta de poder torna as instituições políticas existentes, assim como suas iniciativas e seus empreendimentos, cada vez menos relevantes para os problemas existenciais dos cidadãos dos Estados-nações e, por essa razão, atraem cada vez menos a atenção destes. Entre ambos, os dois resultados inter-relacionados desse divórcio obrigam ou encorajam os órgãos do Estado a abandonar, transferir ou (para usar os termos que entraram recentemente na moda no jargão político) "subsidiar" e "terceirizar" um volume crescente de funções que desempenhavam anteriormente. Abandonadas pelo Estado, essas funções se tornam um *playground* para as forças do mercado, notoriamente volúveis e inerentemente imprevisíveis, e/ou são deixadas para a iniciativa privada e aos cuidados dos indivíduos.

Em terceiro lugar, a retração ou redução gradual, embora consistente, da segurança comunal, endossada pelo Estado, contra o fracasso e o infortúnio individuais retira da ação coletiva grande parte da atração que esta exercia no passado e solapa os alicerces da solidariedade social. A "comunidade", como uma forma de se referir à totalidade da população que habita um território soberano do Estado, parece cada vez mais destituída de substância. Os laços inter-humanos, que antes teciam uma rede de segurança digna de um amplo e contínuo investimento de tempo e esforço, e valiam o sacrifício de interesses individuais imediatos (ou do que poderia ser visto como sendo do interesse de um indivíduo), se tornam cada vez mais frágeis e reconhecidamente temporários. A exposição dos indivíduos aos caprichos dos mercados de mão de obra e de mercadorias inspira e promove a divisão e não a unidade. Incentiva as atitudes competitivas, ao mesmo tempo em que rebaixa a colaboração e o trabalho em equipe à condição de estratagemas temporários que precisam ser suspensos ou concluídos no momento em que se esgotarem seus benefícios. A "sociedade" é cada vez mais vista e tratada como uma "rede" em vez de uma "estrutura" (para não falar em uma "totalidade sólida"): ela é percebida e encarada como uma matriz de conexões e desconexões aleatórias e de um volume essencialmente infinito de permutações possíveis.

Em quarto lugar, o colapso do pensamento, do planejamento e da ação a longo prazo, e o desaparecimento ou enfraquecimento das estruturas sociais nas quais estes poderiam ser traçados com antecedência, leva a um desmembramento da história política e das vidas individuais numa série de projetos e episódios de curto prazo que são, em princípio, infinitos e não combinam com os tipos de sequências aos quais conceitos como "desenvolvimento", "maturação", "carreira" ou "progresso" (todos sugerindo uma ordem de sucessão preordenada) poderiam ser significativamente aplicados. Uma vida assim fragmentada estimula orientações "laterais", mais do que "verticais". Cada passo seguinte deve ser uma resposta a um diferente conjunto de oportunidades e a uma diferente distribuição de vantagens, exigindo assim um conjunto diferente de habilidades e um arranjo diferente de ativos. Sucessos passados não aumentam necessariamente a probabilidade de vitórias futuras, muito menos as garantem, enquanto meios testados com exaustão no passado precisam ser constantemente inspecionados e revistos, pois podem se mostrar inúteis ou claramente contraproducentes com a mudança de circunstâncias. Um imediato e profundo *esquecimento* de informações defasadas e o rápido envelhecimento de hábitos pode ser mais importante para o próximo sucesso do que a memorização de lances do passado e a construção de estratégias sobre um alicerce estabelecido pelo *aprendizado* prévio.

Em quinto lugar, a responsabilidade em resolver os dilemas gerados por circunstâncias voláteis e constantemente instáveis é jogada sobre os ombros dos indivíduos – dos quais se espera que sejam "*free-choosers*" e suportem plenamente as consequências de suas escolhas. Os riscos envolvidos em cada escolha podem ser produzidos por forças que transcendem a compreensão e a capacidade de ação do indivíduo, mas é destino e dever deste pagar o seu preço, pois não há receitas endossadas que, caso fossem adequadamente aprendidas e diligentemente seguidas, poderiam permitir que erros fossem evitados, ou que pudessem ser, em caso de fracasso, consideradas responsáveis. A virtude que se proclama servir melhor aos interesses do indivíduo não é a *conformidade* às regras (as quais, em todo caso, são poucas e contraditórias), mas a *flexibilidade*: a prontidão em mudar repentinamente de táticas e de estilo, abandonar compromissos e lealdades sem arrependimento – e buscar oportunidades mais de acordo com sua disponibilidade atual do que com as próprias preferências.

É o momento de perguntar como essas mudanças modificam o espectro de desafios que homens e mulheres encontram em seus objetivos individuais e portanto, obliquamente, como influenciam a maneira como estes tendem a viver suas vidas. Este livro é uma tentativa de fazer exatamente isso. De indagar, mas não responder, muito menos pretender fornecer respostas definitivas, visto que, segundo o autor, todas as respostas seriam peremptórias, prematuras e potencialmente enganosas. Afinal, o efeito geral das mudanças listadas acima é a necessidade de agir, planejar ações, calcular ganhos e perdas esperados dessas ações e avaliar seus resultados em condições de incerteza endêmica. O melhor que o autor tentou e se sentiu capacitado a fazer foi estudar as causas dessa incerteza – e talvez desnudar alguns dos obstáculos que impedem a sua compreensão, e assim também nossa capacidade de enfrentar (individual e, sobretudo, coletivamente) os desafios que qualquer tentativa de controlá-las necessariamente apresenta.

· 1 ·

A vida líquido-moderna e seus medos

"Se você quer a paz, cuide da justiça", advertia a sabedoria antiga – e, diferentemente do conhecimento, a *sabedoria* não envelhece. Atualmente, a ausência de justiça está bloqueando o caminho para a paz, tal como o fazia há dois milênios. Isso não mudou. O que mudou é que agora a "justiça" é, diferentemente dos tempos antigos, uma questão planetária, medida e avaliada por comparações planetárias – e isso por duas razões.

Em primeiro lugar, num planeta atravessado por "autoestradas da informação", nada que acontece em alguma parte dele pode de fato, ou ao menos potencialmente, permanecer do "lado de fora" *intelectual*. Não há *terra nulla*, não há espaço em branco no mapa mental, não há terra nem povo desconhecidos, muito menos incognoscíveis. A miséria humana de lugares distantes e estilos de vida longínquos, assim como a corrupção de outros lugares distantes e estilos de vida longínquos, são apresentadas por imagens eletrônicas e trazidas para casa de modo tão nítido e pungente, vergonhoso ou humilhante como o sofrimento ou a prodigalidade ostensiva dos seres humanos próximos de casa, durante seus passeios diários pelas ruas das cidades. As injustiças a partir das quais se formam os modelos de justiça não são mais limitadas à vizinhança imediata e coligidas a partir da "privação relativa" ou dos "diferenciais de rendimento" por comparação com vizinhos de porta ou colegas situados próximos na escala do *ranking* social. Em segundo lugar, num planeta aberto à livre circulação de capital e mercadorias, o que acontece em determinado lugar tem um peso sobre a forma como as pessoas de todos os outro lugares vivem, esperam ou supõem viver. Nada pode ser considerado com certeza num "lado de fora" *material*. Nada pode verdadeiramente ser, ou permanecer por muito tempo, indiferente a qualquer outra coisa: intocado e intocável. O bem-estar de um lugar, qualquer que seja, nunca é inocente em relação à miséria de outro. No resumo de Milan Kundera, essa "unidade da espécie humana", trazida à tona pela globalização, significa essencialmente que "não existe nenhum lugar para onde se possa escapar".[1]

Como apontou Jacques Attali, em *La voie humaine*,[2] metade do comércio mundial e mais da metade do investimento global beneficiam apenas 22 países que acomodam somente 14% da população mundial, enquanto os 49 países mais pobres, habitados por 11% da população mundial, recebem somente 0,5% do produto global – quase o mesmo que a renda combinada dos três homens mais ricos do planeta. Noventa por cento da riqueza total do planeta estão nas mãos de apenas 1% de seus habitantes. E não há quebra-mares à vista capazes de deter a maré global da polarização da renda – que continua aumentando de maneira ameaçadora.

As pressões voltadas à perfuração e à quebra de fronteiras, comumente chamadas de "globalização", fizeram seu trabalho; com poucas exceções, que estão desaparecendo rapidamente. Todas as sociedades são agora total e verdadeiramente abertas, seja material ou intelectualmente. Junte os dois tipos de "abertura" – a intelectual e a material – e verá por que toda injúria, privação relativa ou indolência planejada em qualquer lugar é coroada pelo insulto da injustiça: o sentimento de que o mal foi feito, um mal que exige ser reparado, mas que, em primeiro lugar, obriga as vítimas a vingarem seus infortúnios...

O "grau de abertura" da sociedade aberta ganhou um novo brilho, jamais imaginado por Karl Popper, que cunhou o termo.* Tal como antes, o termo se refere a uma sociedade que admite francamente sua própria incompletude, e portanto é ansiosa em atender suas próprias possibilidades ainda não intuídas, muito menos exploradas. Mas significa, além disso, uma sociedade impotente, como nunca antes, em decidir o próprio curso com algum grau de certeza e em proteger o itinerário escolhido, uma vez selecionado. O atributo da "abertura", antes um produto precioso, ainda que frágil, da corajosa mas estafante *autoafirmação*, é associado, hoje, principalmente a um *destino* irresistível –, aos efeitos não planejados e imprevistos da "globalização negativa" –, ou seja, uma globalização seletiva do comércio e do capital, da vigilância e da informação, da violência e das armas, do crime e do terrorismo; todos unânimes em seu desdém pelo princípio da soberania territorial e em sua falta de respeito a qualquer fronteira entre Estados. Uma sociedade "aberta" é uma sociedade exposta aos golpes do "destino".

Se a ideia de "sociedade aberta" era originalmente compatível com a autodeterminação de uma sociedade livre que cultivava essa abertura, ela agora traz à mente da maioria de nós a experiência aterrorizante de uma população heterônoma, infeliz e vulnerável, confrontada e possivelmente sobrepujada por forças que não controla nem entende totalmente; uma população horrorizada por sua própria vulnerabilidade, obcecada com a firmeza de suas fronteiras e com a segurança dos indivíduos que vivem dentro delas – enquanto é justamente essa firmeza de fronteiras e essa segurança da vida dentro delas que geram um domínio ilusório e parecem ter a tendência de permanecer como ilusões enquanto o planeta for submetido unicamente à globalização *negativa*. Num planeta negativamente globalizado, a segurança não pode ser obtida, muito menos assegurada, dentro de um único país ou de um grupo selecionado de países – não apenas por seus

---

Openness. (N.E.)

próprios meios nem independentemente do que acontece no resto do mundo.

A justiça, essa condição preliminar de paz duradoura, também não pode ser obtida assim, muito menos assegurada. A perversa "abertura" das sociedades imposta pela globalização negativa é por si só a causa principal da injustiça e, desse modo, indiretamente, do conflito e da violência. Como diz Arundhati Roy: "Enquanto a elite, em algum lugar do topo do mundo, busca viagens a destinos imaginados, os pobres são apanhados numa espiral de crime e caos."[3] As ações do governo dos Estados Unidos, diz ele, juntamente com seus vários satélites maldisfarçados de "instituições internacionais", como o Banco Mundial, o Fundo Monetário Internacional e a Organização Mundial do Comércio, geraram, como "produtos colaterais" perigosos, "o nacionalismo, o fanatismo religioso, o fascismo e, evidentemente, o terrorismo – que avança de mãos dadas com o progresso da globalização liberal".

"Mercados sem fronteiras" é uma receita para a injustiça e para a nova desordem mundial em que a conhecida fórmula de Clausewitz foi revertida, de modo que é a vez de a política ser uma continuação da guerra por outros meios. A desregulamentação, que resulta na anarquia planetária, e a violência armada se alimentam mutuamente, assim como se reforçam e se revigoram mutuamente. Como diz outra advertência da sabedoria antiga, *inter arma silent leges* (quando as armas falam, as leis silenciam).

Antes de enviar tropas para o Iraque, Donald Rumsfeld declarou: a guerra "será ganha quando os norte-americanos voltarem a se sentir seguros".[4] Essa mensagem tem sido repetida desde então – dia após dia – por George W. Bush. Mas o envio de tropas ao Iraque elevou e continua elevando o medo da insegurança, nos Estados Unidos e em outros lugares, a um novo patamar.

Como seria de esperar, o sentimento de segurança não foi a única baixa colateral da guerra. As liberdades individuais e a democracia logo compartilharam a mesma sorte. Para citar a profética advertência de Alexander Hamilton:

A violenta destruição da vida e da propriedade inerente à guerra, o esforço e o alarme contínuos resultantes de um estado de perigo constante, vão compelir as nações mais vinculadas à liberdade a recorrerem, para seu repouso e segurança, a instituições cuja tendência é destruir seus direitos civis e políticos. Para serem mais seguras, elas acabam se dispondo a correr o risco de serem menos livres.[5]

Agora essa profecia está se tornando realidade.

Uma vez investido sobre o mundo humano, o medo adquire um ímpeto e uma lógica de desenvolvimento próprios e precisa de poucos cuidados e praticamente nenhum investimento adicional para crescer e se espalhar – irrefreavelmente. Nas palavras de David L. Altheide, o principal não é o medo do perigo, mas aquilo no qual esse medo pode se desdobrar, o que ele se torna.[6] A vida social se altera quando as pessoas vivem atrás de muros, contratam seguranças, dirigem veículos blindados, portam porretes e revólveres, e frequentam aulas de artes marciais. O problema é que essas atividades reafirmam e ajudam a produzir o senso de desordem que nossas ações buscam evitar.

Os medos nos estimulam a assumir uma ação defensiva. Quando isso ocorre, a ação defensiva confere proximidade e tangibilidade ao medo. São nossas respostas que reclassificam as premonições sombrias como realidade diária, dando corpo à palavra. O medo agora se estabeleceu, saturando nossas rotinas cotidianas; praticamente não precisa de outros estímulos exteriores, já que as ações que estimula, dia após dia, fornecem toda a motivação e toda a energia de que ele necessita para se reproduzir. Entre os mecanismos que buscam aproximar-se do modelo de sonhos do moto-perpétuo, a autorreprodução do emaranhado do medo e das ações inspiradas por esse sentimento está perto de reclamar uma posição de destaque.

É como se os nossos medos tivessem ganhado a capacidade de se autoperpetuar e se autofortalecer; como se tivessem adquirido um ímpeto próprio – e pudessem continuar crescendo com base unicamente nos seus próprios recursos. Essa aparente autossuficiência é, evidentemente, apenas uma ilusão, tal como no caso dos outros numerosos mecanismos que anunciam o milagre do movimento perpétuo capaz da autopropulsão e da autonutrição. Obviamente, o ciclo do medo e das ações por ele ditadas não deslizaria tão tranquilamente nem continuaria ganhando velocidade se não continuasse a extrair sua energia de tremores existenciais.

A presença desses tremores não é exatamente novidade: os sismos existenciais têm acompanhado os seres humanos ao longo de toda a sua história, pois nenhum dos ambientes sociais em que as realizações da vida humana têm sido conduzidas jamais ofereceu um seguro infalível contra os golpes do "destino" (assim chamados para distingui-los das adversidades que os seres humanos *poderiam* evitar, e para comunicar nem tanto a natureza peculiar desses golpes em si, mas o reconhecimento da *incapacidade humana de prevê-los*, que dirá evitá-los ou controlá-los). Por definição, o "destino" ataca sem aviso e é indiferente àquilo que suas vítimas fazem ou podem abster-se de fazer a fim de escapar aos seus golpes. O "destino" está de acordo com a ignorância e o desamparo humanos, e deve seu poder enorme e assustador à debilidade de suas vítimas. E, como escreveram os editores da *Hedgehog Review* na introdução do número especial dedicado ao medo: "Na ausência de conforto existencial" as pessoas tendem a se concentrar "na segurança, ou na sensação de segurança".[7]

O terreno sobre o qual se presume que nossas perspectivas de vida se assentem é reconhecidamente instável – tal como são os nossos empregos e as empresas que os oferecem, nossos parceiros e nossas redes de amizade, a posição que desfrutamos na sociedade mais ampla e a autoestima e a autoconfiança que o acompanham. O "progresso", que já foi a manifestação mais extrema do otimismo radical e uma promessa de felicidade universalmente compartilhada e permanente, se afastou totalmente em direção ao polo oposto, distópico e fatalista da antecipação: ele agora representa a ameaça de uma mudança inexorável e inescapável que, em vez de augurar a paz e o sossego, pressagia somente a crise e a tensão e impede que haja um momento de descanso. O progresso se transformou numa espécie de dança das cadeiras interminável e ininterrupta, na qual um momento de desatenção resulta na derrota irreversível e na exclusão irrevogável. Em vez de grandes expectativas e sonhos agradáveis, o "progresso" evoca uma insônia cheia de pesadelos de "ser deixado para trás" – de perder o trem ou cair da janela de um veículo em rápida aceleração.

Incapazes de reduzir o ritmo estonteante da mudança, muito menos prever ou controlar sua direção, nos concentramos nas coisas que podemos, acreditamos poder ou somos assegurados de que podemos influenciar: tentamos calcular e reduzir o risco de que nós, pessoalmente, ou aqueles que nos são mais próximos e queridos no momento, possamos nos tornar vítimas dos incontáveis perigos que o mundo opaco e seu futuro incerto supostamente têm guardado para nós. Nossa atenção é chamada para observar "os sete sinais do câncer" ou "os cinco sintomas da depressão", ou para exorcizar o espectro da pressão alta, do nível alto de colesterol, do estresse ou da obesidade. Em outras palavras, buscamos alvos *substitutos* sobre os quais possamos descarregar o medo existencial excedente que foi barrado de seus escoadouros naturais, e encontramos esses alvos paliativos ao tomarmos cuidadosas precauções contra a inalação da fumaça do cigarro de outra pessoa, a ingestão de comida gordurosa ou de "más" bactérias (ao mesmo tempo em que sorvemos os líquidos que prometem conter as "boas"), a exposição ao sol ou o sexo desprotegido. Aqueles que podem dar-se ao luxo de se fortalecerem contra todos os perigos, visíveis ou invisíveis, atuais ou previstos, familiares ou ainda desconhecidos, difusos, porém ubíquos, protegendo-se por trás de muros, equipando os acessos a moradias com câmeras de TV, contratando seguranças armados, dirigindo carros blindados (como os notórios veículos utilitários esportivos), usando trajes à prova de balas ou aprendendo artes marciais. "O problema", para citar mais uma vez David L. Altheide, "é que essas atividades reafirmam e ajudam a produzir um senso de desordem que nossas ações precipitam." Cada fechadura extra na porta da frente, em reação aos sucessivos rumores sobre criminosos de aparência estrangeira cobertos por mantos cheios de adagas, e cada revisão da dieta, em resposta aos sucessivos "pânicos alimentares", fazem o mundo parecer *mais* traiçoeiro e assustador, e estimulam *mais* ações defensivas – que vão, infelizmente, acrescentar vigor à capacidade do medo de se autopropagar.

Grande parte do capital comercial pode ser – e é – acumulada a partir da insegurança e do medo. "Os publicitários", comenta Stephen Graham, "têm explorado deliberadamente os medos generalizados de terrorismo catastrófico para aumentarem ainda mais as vendas dos utilitários esportivos, altamente lucrativos."[8] Os monstros militares bebedores de gasolina, equivocadamente chamados de "veículos militares esportivos", que já alcançaram 45% de todas as vendas de automóveis nos Estados Unidos, estão sendo introduzidos no cotidiano urbano como "cápsulas defensivas". O SUV (na sigla em inglês para Sport Utilitarian Vehicle) é:

> Um símbolo de segurança que, tal como as comunidades fechadas onde tão frequentemente trafegam, é apresentado nos anúncios como sendo imune ao arriscado e imprevisível mundo externo da vida urbana ... Tais veículos parecem atenuar o medo que as classes médias urbanas sentem quando se transportam – ou ficam em filas no trânsito – em sua cidade "natal".

Tal como o dinheiro vivo pronto para qualquer tipo de investimento, o capital do medo pode ser usado para se obter qualquer espécie de lucro, comercial ou político. E é. Isso acontece também com a *segurança pessoal* que se tornou um grande, talvez *o* maior, ponto de venda em toda espécie de estratégia de marketing. O lema "lei e ordem", cada vez mais reduzido à promessa de segurança pessoal (mais exatamente *corporal*), se tornou uma grande, talvez *a* maior, bandeira nos manifestos políticos e nas campanhas eleitorais, enquanto a exibição de ameaças à segurança pessoal se tornou um grande, talvez *o* maior, trunfo na guerra de audiência dos meios de comunicação de massa, reabastecendo constantemente o capital do medo e ampliando ainda mais o sucesso tanto de seu marketing quanto de seu uso político. Como diz Ray Surette, o mundo visto pela TV parece ser constituído de "cidadãos-cordeiros" protegidos de "criminosos-lobos" por uma "polícia de cães pastores".[9]

A distinção mais seminal dos avatares atuais dos medos que eram, sob outros aspectos, familiares em todas as variedades da existência humana anteriormente vivenciadas talvez seja a separação entre as ações inspiradas pelo medo e os tremores existenciais geradores do medo que as inspirou. Em outras palavras: o deslocamento do medo das fendas e fissuras da condição humana em que o "destino" é chocado e incubado para áreas da existência amplamente desconectadas da verdadeira fonte de ansiedade. Não é provável que qualquer quantidade de esforço investida nessas áreas consiga neutralizar ou bloquear a fonte, se mostrando assim impotente em aplacar a ansiedade, por mais cuidadoso e engenhoso que esse esforço possa ser. É por essa razão que o círculo vicioso do medo e das ações por ele inspiradas segue em frente, sem perder nem um pouco do seu ímpeto – embora sem se aproximar de seu aparente objetivo.

Permitam-me dizer explicitamente o que antes ficou implícito: o círculo vicioso em questão foi deslocado/transferido da área da segurança (ou seja, a autoconfiança e a autoafirmação, ou a ausência delas) para a da proteção (ou seja, de ser resguardado das ameaças à própria pessoa e suas extensões, ou de ser exposto a elas).

A primeira área, progressivamente despida de sua proteção institucionalizada, sancionada e sustentada pelo Estado, tem sido exposta aos caprichos do mercado. Como prova disso, transformou-se num *playground* de forças globais que se encontram além do alcance do controle político e da capacidade de os afetados reagirem adequadamente a elas, que dirá de resistirem efetivamente aos seus golpes. As políticas de seguro contra infortúnios individuais sustentadas pelas comunidades, que no curso do século passado vieram a ser coletivamente conhecidas sob o nome de Estado ("do bem-estar") social, estão sendo agora total ou parcialmente reduzidas e cortadas abaixo do limiar em que seu nível é capaz de validar e sustentar o sentimento de segurança, e portanto também a autoconfiança dos atores. Além disso, o que permanece das instituições existentes dando corpo à promessa original não oferece mais esperança, muito menos confiança, de que sobreviverá a outras e iminentes rodadas de redução.

Com o progressivo desmantelamento das defesas construídas e mantidas pelo Estado contra os tremores existenciais, e com os arranjos para a defesa coletiva, como sindicatos e outros instrumentos de barganha, com cada vez menos poder devido às pressões da competição de mercado que solapam as solidariedades dos fracos, passa a ser tarefa do indivíduo procurar, encontrar e praticar soluções individuais para problemas socialmente produzidos, assim como tentar tudo isso por meio de ações individuais, solitárias, estando munido de ferramentas e recursos flagrantemente inadequados para essa tarefa.

As mensagens dirigidas dos centros do poder político tanto para os ricos como para os infelizes apresentam "mais flexibilidade" como a única cura para uma insegurança já insustentável – e assim retratam a perspectiva de mais incerteza, mais privatização dos problemas, mais solidão e impotência e, na verdade, mais incerteza ainda. Elas excluem a possibilidade de uma segurança existencial que se baseie em alicerces coletivos e assim não oferecem incentivo a ações solidárias; em lugar disso, encorajam seus ouvintes a se concentrarem na sua sobrevivência individual ao estilo "cada um por si e Deus por todos" – num mundo incuravelmente fragmentado e atomizado, e portanto cada vez mais incerto e imprevisível.

A retirada do Estado da função em que se baseavam, na maior parte do século passado, suas reivindicações de legitimidade torna a deixar a questão da legitimidade em aberto. Um novo consenso sobre a cidadania ("patriotismo constitucional", para usar um termo de Jürgen Habermas) não pode ser construído atualmente da maneira como o era não faz muito tempo – mediante a garantia de proteção constitucional contra os caprichos do mercado, famoso por dilapidar as posições sociais e por sabotar os direitos à estima social e à dignidade pessoal. A integridade do corpo político em sua forma atualmente mais comum de Estado-nação está em apuros, e assim é necessário procurar urgentemente uma legitimação alternativa.

À luz do que se discutiu anteriormente, não surpreende em absoluto que se esteja buscando uma legitimação alternativa da autoridade do Estado e outra fórmula política em benefício da cidadania conscienciosa na promessa do Estado de proteger seus cidadãos contra os perigos da *proteção pessoal*. O espectro da degradação social contra a qual o Estado *social* jurou garantir seus cidadãos está sendo substituído na fórmula política do "Estado da proteção pessoal" pelas ameaças de um pedófilo à solta, de um *serial killer*, de um mendigo atrevido, de um assaltante, de um molestador, envenenador, terrorista ou, melhor ainda, por todas essas ameaças combinadas em uma só figura: o imigrante ilegal, contra quem o Estado moderno, em sua mais recente representação, promete defender os seus cidadãos.

Em outubro de 2004, a BBC transmitiu uma série de documentários intitulada *The power of nightmares: The rise of the politics of fear*.[10] Adam Curtis, autor e produtor da série e um dos mais aclamados realizadores de programas de TV da Grã-Bretanha, assinalou que, embora o terrorismo global seja, sem dúvida, um perigo extremamente real, continuamente reproduzido na "terra de ninguém" da imensidão global, uma boa parte, se não a maior, de sua ameaça oficialmente avaliada "é uma fantasia que tem sido exagerada e distorcida pelos políticos. É uma sombria ilusão que se espalhou sem questionamento pelos governos de todo o mundo, pelos serviços de segurança e pela mídia internacional." Não seria muito difícil encontrar as razões de carreira tão rápida e espetacular dessa ilusão: "Numa era em que as grandes ideias perderam credibilidade, o medo do inimigo fantasma é tudo que restou aos políticos para manterem seu poder."

Numerosos indícios da iminente passagem da legitimação pelo poder do Estado para a da proteção pessoal pelo Estado estavam lá para serem vistos muito antes do 11 de Setembro, ainda que as pessoas precisassem, ao que parece, do choque proporcionado pelas torres caindo em Manhattan, o que seria reproduzido em câmera lenta durante meses para milhões de telas de TV, para que a notícia calasse no espírito delas e fosse absorvida – e para que os políticos aproveitassem as ansiedades existenciais populares com uma nova fórmula política. A batalha presidencial na França entre Jacques Chirac e Lionel Jospin assumiu a forma de uma concorrência pública, com dois líderes políticos tentando superar um ao outro nas promessas de utilizar ainda mais os músculos na guerra contra o crime, levando a uma legislação mais estrita e severa com punições mais espertas e imaginativas aos delinquentes juvenis ou adultos e aos estranhos e alienados "estrangeiros em nosso meio".

Quando George W. Bush usou a agressividade na "guerra contra o terror" em sua luta para repelir a ameaça de seu adversário, e quando o líder da oposição na Grã-Bretanha tentou perturbar o governo "neotrabalhista" concentrando as difusas ansiedades existenciais geradas pela desregulamentação dos mercados de trabalho nas ameaças apresentadas pelos viajantes ciganos e pelos imigrantes sem teto, as sementes do medo por eles plantadas caíram num solo já bem-preparado.

Não foi mera coincidência que (segundo Hughes Lagrange)[11] o "pânico de segurança" mais espetacular e os alarmes mais clamorosos sobre aumento da criminalidade, acompanhados de ações ostensivamente duras dos governos e manifestadas, entre outras maneiras, no rápido crescimento da população carcerária (a "substituição do Estado social pelo Estado prisional", como diz Lagrange), tenham ocorrido desde meados da década de 1960 nos países com serviços sociais menos desenvolvidos (como Espanha, Portugal ou Grécia), e naqueles em que a previdência social estava sendo drasticamente reduzida (como os Estados Unidos e a Grã-Bretanha). Nenhuma pesquisa realizada até o ano

2000 mostrou uma correlação significativa entre a severidade da política penal e o volume de crimes cometidos, embora a maioria dos estudos tenha revelado uma forte correlação negativa entre "o impulso carcerário", de um lado, e "a proporção de previdência social independente do mercado" e "a percentagem do PIB destinada à previdência", de outro. Considerando tudo isso, o novo foco sobre o crime e os perigos que ameaçam a segurança corporal dos indivíduos e de suas propriedades tem se mostrado, para além da dúvida razoável, intimamente relacionado ao "clima de precariedade", seguindo de perto o ritmo da desregulamentação econômica e da correlata substituição da solidariedade social pela autorresponsabilidade individual. "Não há novos monstros aterrorizantes. Isso atrai o veneno do medo", observou Ada Curtis, comentando a preocupação crescente com segurança corporal. O medo está lá, saturando diariamente a existência humana, enquanto a desregulamentação penetra profundamente nos seus alicerces e os bastiões de defesa da sociedade civil desabam. O medo está lá – e recorrer a seus suprimentos aparentemente inexauríveis e avidamente renovados a fim de reconstruir um capital político depauperado é uma tentação à qual muitos políticos acham difícil resistir. E a estratégia de lucrar com o medo está igualmente bem arraigada, na verdade uma tradição que remonta aos anos iniciais do ataque liberal ao Estado social.

Muito antes dos eventos do 11 de Setembro, render-se a essa tentação – juntamente com a oportunidade de recorrer aos seus assustadores benefícios – era algo que já havia sido bem pesquisado e testado. Num estudo intitulado, de modo pungente e adequado, "The terrorist, friend of state power",[12] Victor Grotowicz analisou a utilização na década de 1970, pelo governo da República Federal da Alemanha, dos ataques terroristas perpetrados pela Facção Exército Vermelho.* Ele descobriu que, enquanto em 1976 apenas 7% dos cidadãos alemães consideravam a segurança pessoal um tema político importante, dois anos depois uma con-

---

*Também conhecida como a gangue Baader-Meinhof. (N.E.)

siderável maioria deles a percebia como mais relevante que a luta contra o desemprego e a inflação. Naqueles dois anos, a nação assistiu na TV às façanhas das forças policiais e dos serviços secretos, que engrossavam rapidamente os seus contingentes, e ouviu os lances cada vez mais ousados de seus políticos prometendo medidas ainda mais duras a serem empregadas na guerra total contra os terroristas. Grotowicz também descobriu que, embora o espírito liberal e a ênfase original da Constituição alemã nas liberdades individuais tivessem sidos sub-repticiamente substituídos pelo autoritarismo de Estado, antes tão deplorado, e embora Helmut Schmidt tivesse agradecido publicamente aos advogados por se absterem de examinar a conformidade das novas resoluções do *Bundestag** ao direito constitucional, a nova legislação favoreceu principalmente os terroristas, aumentando sua visibilidade pública e, assim, obliquamente, sua estatura, muito além dos limites que eles poderiam concebivelmente atingir por si próprios. Com efeito, os pesquisadores concluíram em consenso que as reações violentas das forças da lei e da ordem ampliaram muito a popularidade dos terroristas. Devia-se suspeitar que a função manifesta das novas políticas implacáveis e ostensivamente cruéis, proclamada como sendo a erradicação da ameaça terrorista, na verdade estava em segundo plano em relação a sua função latente – o esforço de mudar a localização da autoridade do Estado de uma área que ele não podia ou não queria controlar efetivamente para outra em que seu poder e sua determinação de agir poderiam ser espetacularmente demonstrados. O resultado mais evidente da campanha antiterrorista foi o rápido aumento do medo que saturou a sociedade como um todo. Quanto aos terroristas, alvo declarado da campanha, ela os aproximou mais de seu próprio alvo – minar os valores que sustentam a democracia e o respeito aos direitos humanos – do que eles poderiam ter sonhado. Podemos acrescentar que a destruição final da Facção Exército Vermelho, com seu desaparecimento da vida alemã, não

---

*O Parlamento alemão. (N.E.)

foi produzida pelas ações policiais repressivas – deveu-se à mudança das condições sociais, que deixaram de ser férteis para a *Weltanschauung** e as práticas dos terroristas.

Exatamente o mesmo pode ser dito da triste história do terrorismo na Irlanda do Norte, obviamente mantido vivo e com apoio crescente graças, em grande medida, à dura reação militar dos britânicos. Seu colapso final poderia ser atribuído ao milagre econômico irlandês e a um fenômeno semelhante à "fadiga dos metais", mais do que a qualquer coisa que o Exército britânico tenha feito ou pudesse fazer.

Pouco mudou desde então. Como mostra a experiência mais recente (de acordo com a análise de Michael Meacher), a ineficácia endêmica ou mesmo o caráter francamente contraproducente da ação militar contra as formas modernas de terrorismo continua sendo a regra: "Apesar da 'guerra contra o terror', nos dois últimos anos ... a Al Qaeda parece ter sido mais eficaz que nos dois anos anteriores ao 11 de Setembro."[13] Adam Curtis, já citado, vai um passo além, sugerindo que a Al Qaeda mal chegou a existir, exceto como uma ideia vaga e difusa sobre "a limpeza de um mundo corrompido por meio da violência religiosa", tendo surgido como um artefato da ação de advogados – ela sequer tinha um nome "até o início de 2001, quando o governo norte-americano resolveu processar Bin Laden à revelia e teve de usar leis antimáfia que requeriam a existência de uma organização criminosa dotada de um nome".

Dada a natureza do terrorismo contemporâneo, a própria noção de "guerra contra o terror" é, dissonantemente, uma *contradictio in adjecto*. As armas modernas, concebidas e desenvolvidas numa era de invasão e conquista territorial, são singularmente inadequadas para localizar, atacar e destruir alvos extraterritoriais, endemicamente evasivos e eminentemente móveis, pelotões minúsculos ou apenas pessoas sozinhas viajando com pouca baga-

---

*Visão de mundo ou cosmovisão. (N.T.)

gem, desaparecendo do lugar de ataque de modo tão rápido e discreto quanto chegaram, deixando para trás poucos rastros, se é que algum. Dada a natureza das armas modernas à disposição dos militares, as reações a esses atos terroristas acabam sendo tão desastradas quanto fazer a barba com um machado – canhestras e imprecisas, espalhando-se sobre uma área muito maior do que a afetada pelo ataque terrorista e causando mais "baixas" e "danos colaterais" que os terroristas poderiam produzir com as armas de que dispõem (a "guerra contra o terrorismo", declarada depois do atentado ao World Trade Center, já produziu muito mais "vítimas colaterais" inocentes do que o próprio atentado). Essa circunstância é, seguramente, parte integrante do planejamento terrorista e a principal fonte de sua força, a qual excede em muito o poder de seus contingentes e de suas armas.

Diferentemente de seus inimigos declarados, os terroristas não precisam sentir-se constrangidos pelos recursos limitados de que dispõem. Ao desenvolverem seus planejamentos estratégicos e seus planos táticos, podem incluir entre seus trunfos as reações esperadas e quase certas do "inimigo", as quais tendem a ampliar consideravelmente o impacto pretendido de sua atrocidade. Se o propósito dos terroristas é espalhar o terror entre a população inimiga, o exército e a polícia dos inimigos certamente vão assegurar que esse objetivo seja atingido num grau muito maior que o nível ao qual os terroristas seriam capazes de alcançar.

Com efeito, só podemos repetir, seguindo Meacher: com muita frequência, e mais ainda, com certeza, após o 11 de Setembro, parecemos estar "fazendo o jogo de Bin Laden". O que significa, como Meacher corretamente insiste, implementar uma política condenada ao fracasso e cheia de falhas. Eu acrescentaria que fazer o jogo de Bin Laden é ainda mais imperdoável porque, embora seja justificável em público pela intenção de erradicar o flagelo do terrorismo, parece seguir uma lógica completamente diferente daquela que inspiraria e justificaria tal intenção.

Meacher acusa o governo a cargo da "guerra contra o terrorismo" de uma:

Falta de disposição para contemplar o que está por trás do ódio: por que uma grande quantidade de jovens são preparados para explodirem a si mesmos, por que 19 rapazes altamente instruídos estavam prontos para se destruírem e a milhares de outras pessoas no 11 de Setembro e por que a resistência [no Iraque] está crescendo apesar da alta probabilidade de os insurgentes serem mortos.

Em vez de fazer uma pausa para esse tipo de consideração, os governos agem (e, com toda probabilidade, alguns deles, notadamente o dos Estados Unidos, pretendem continuar no mesmo estilo, como atestou nitidamente a nomeação de John R. Bolton para representante norte-americano na ONU, alguém que ficou famoso por ter dito que "as Nações Unidas não existem"). Como assinalou Maurice Druon, "antes de lançar sua guerra contra o Iraque, o governo norte-americano tinha apenas quatro agentes [fornecendo informações], os quais, além disso, eram agentes duplos".[14] Os Estados Unidos começaram a guerra seguros "de que os soldados norte-americanos seriam recebidos como libertadores, de braços abertos e com flores". Porém, citando mais uma vez Meacher, "a morte de mais de 10 mil civis, com 20 mil feridos e um número ainda mais elevado de baixas militares iraquianas, é exacerbada, um ano depois, pelo fracasso em fornecer serviços públicos fundamentais, ... pela taxa crescente de desemprego e por tropas norte-americanas gratuitamente truculentas". Só se pode concluir que, embora o pensamento seja reconhecidamente ineficaz se não for seguido pela ação, ações impensadas se revelam igualmente inúteis – além do grande aumento no nível de corrupção moral e sofrimento humano que tendem a causar.

As forças terroristas dificilmente se abalam diante de ataques como esse – pelo contrário, é da inabilidade do adversário, assim como de sua extravagante e perdulária prodigalidade, que estas extraem e restauram sua energia. O excesso não é apenas a marca das operações explicitamente antiterroristas – ele também se destaca nos alertas e advertências dirigidos pelos membros da coalizão antiterrorista a suas próprias populações. Como Deborah

Orr observou recentemente, "muitos voos são interceptados, mas nunca se descobriu que estivessem de fato sob ameaça ... Tanques e tropas foram posicionados em frente a [ao aeroporto de] Heathrow, mas acabaram se retirando sem descobrir coisa alguma."[15] Pode-se considerar também o caso da "fábrica de ricina"*, cuja descoberta foi pública e clamorosamente anunciada em 2003, e em seguida "trombeteada como 'poderosa evidência da permanente ameaça terrorista', embora no final a fábrica de armas biológicas de Porton Down** não conseguiu provar a existência de qualquer quantidade de ricina no apartamento apresentado como importante base terrorista". Na verdade, como relatou Duncan Campbell, que esteve nos tribunais onde os supostos "conspiradores da ricina" foram julgados,[16] o único documento em que o processo se baseava já tinha se revelado em outros momentos como "a cópia exata de páginas da internet, de um site de Palo Alto, na Califórnia". Não foram encontrados quaisquer vínculos com Cabul ou com a Al Qaeda e a promotoria se viu obrigada a retirar a acusação. Isso não impediu que o então secretário do Interior, David Blunkett, anunciasse duas semanas depois que "a Al Qaeda e a sua rede internacional estão sendo vistas – o que será demonstrado pelos tribunais nos próximos meses – realmente às nossas portas e ameaçando nossas vidas". Enquanto nos Estados Unidos Colin Powell usava o suposto "conluio londrino da ricina" como prova de que "o Iraque e Osama bin Laden apoiavam e dirigiam células terroristas de envenenamento por toda a Europa". Considerando-se tudo isso, embora 500 pessoas tenham sido presas sob as novas leis antiterroristas até fevereiro de 2004, só duas foram condenadas.

Orr aponta que, em resultado de tais idiotices, deve ganhar pelo menos alguma credibilidade a hipótese de que haja interesses comerciais poderosos ajudando a insuflar o medo do terrorismo.

---

*Veneno que pode ser produzido a partir de sementes de mamona. (N.T.)
**Instalação de pesquisa química e biológica criada pelo governo britânico durante a Guerra Fria. (N.E.)

Muitos dados mostram que essa suspeita é plausível. Há indicações de que a "guerra contra o terror" tem aumentado consideravelmente – em vez de combater – a proliferação mundial do comércio de armas leves (os autores de um relatório conjunto da Anistia Internacional e da Oxfam estimam que as armas leves, "as verdadeiras armas de destruição em massa", matam meio milhão de pessoas por ano).[17] Também têm sido amplamente documentados os lucros que os produtores e comerciantes norte-americanos de "produtos e dispositivos de autodefesa" obtêm com os medos da população, os quais, por sua vez, são alimentados e exagerados pela própria ubiquidade e alta visibilidade desses mesmos dispositivos e produtos. Da mesma forma, deve-se repetir que a matéria-prima e o principal resultado da guerra travada contra os terroristas acusados de semear o medo têm sido, até agora, o próprio medo.

Outro produto altamente visível da guerra são as restrições de amplo alcance impostas às liberdades pessoais – algumas delas desconhecidas desde a época da Magna Carta. Conor Gearty, professor de Legislação de Direitos Humanos da London School of Economics, relaciona um longo inventário de leis que limitam as liberdades humanas já aprovadas na Grã-Bretanha sob a rubrica da "legislação antiterrorista",[18] concordando com numerosos outros comentadores em que não está absolutamente certo se "nossas liberdades civis ainda estarão aqui quando quisermos passá-las a nossos filhos". Até agora o judiciário britânico tem concordado com o governo que "não existe alternativa à repressão" – e assim, como conclui Gearty, "só os idealistas liberais" e outros simpatizantes igualmente crédulos podem "esperar que o ramo judiciário conduza a sociedade" na defesa das liberdades civis nestes "tempos de crise".

Os relatos sobre os atos sinistros perpetrados no campo de prisioneiros de Guantánamo ou na prisão de Abu-Ghraib – onde os presos são impedidos de receber visitas, bem como estão fora do alcance de qualquer tipo de direito nacional ou internacional – e a gradual mas incessante queda na desumanidade dos homens e mulheres acusados de executar ou supervisionar essas ilegalidades foram suficientemente divulgados na imprensa para precisarmos repeti-los aqui. O que pensamos com menos frequência, e raramente ouvimos, é que os demônios que surgiram desses lugares remotos podem ser apenas espécimes particularmente extremos, radicais e atrevidos, violentos e inconsequentes de uma família mais ampla de lêmures que assombram aqui mesmo os sótãos e porões de nossos lares – num mundo em que poucas pessoas continuam a acreditar que mudar a vida dos outros tenha alguma relevância para a sua; num mundo, em outras palavras, em que cada indivíduo é abandonado à própria sorte, enquanto a maioria das pessoas funciona como ferramenta para a promoção de terceiros.

A vida solitária de tais indivíduos pode ser alegre, e é provavelmente atarefada – mas também tende a ser arriscada e assustadora. Num mundo assim, não restam muitos fundamentos sobre os quais os indivíduos em luta possam construir suas esperanças de resgate e a que possam recorrer em caso de fracasso pessoal. Os vínculos humanos são confortavelmente frouxos, mas, por isso mesmo, terrivelmente precários, e é tão difícil praticar a solidariedade quanto compreender seus benefícios, e mais ainda suas virtudes morais.

O novo individualismo, o enfraquecimento dos vínculos humanos e o definhamento da solidariedade estão gravados num dos lados da moeda cuja outra face mostra os contornos nebulosos da "globalização negativa". Em sua forma atual, puramente negativa, a globalização é um processo parasitário e predatório que se alimenta da energia sugada dos corpos dos Estados-nações e de seus sujeitos. Citando mais uma vez Attali, as nações organizadas em Estados "perdem sua influência na direção geral das coisas e, no processo de globalização, sofrem o confisco dos meios de que precisariam para orientar seu destino e resistir às numerosas formas que o medo pode assumir".

A sociedade não é mais protegida pelo Estado, ou pelo menos é pouco provável que confie na proteção oferecida por este. Ela agora está exposta à rapacidade de forças que não controla e não espera, nem pretende, recapturar e dominar. É por essa razão, em primeiro lugar, que os governos dos Estados em luta, dia após dia, para resistir às tempestades atuais, caminham aos tropeções de uma campanha *ad hoc* de administração da crise e de um conjunto de medidas de emergência para outro, sonhando apenas permanecer no poder após a próxima eleição, mas desprovidos de programas ou ambições de longo alcance, que dirá de projetos para uma solução radical dos problemas recorrentes da nação. "Aberto" e cada vez mais indefeso de ambos os lados, o Estado-nação perde sua força, que agora se evapora no espaço global, assim como a sagacidade e a destreza políticas, cada vez mais relegadas à esfera da "vida política" individual e "subsidiadas" a homens e mulheres. O que resta de força e de política a cargo do Estado e de seus órgãos se reduz gradualmente a um volume talvez suficiente para guarnecer pouco mais que uma grande delegacia de polícia. O Estado reduzido dificilmente poderia conseguir ser mais que um Estado da proteção pessoal.

Tendo fugido de uma sociedade aberta compulsoriamente pelas pressões das forças globalizadoras, o poder e a política se afastam cada vez mais. O problema, e a enorme tarefa que provavelmente confrontará o século atual como seu desafio supremo, é unir novamente o poder e a política. A união dos parceiros separados dentro do domicílio do Estado-nação talvez seja a menos promissora das possíveis respostas a esse desafio.

Num planeta negativamente globalizado, todos os principais problemas – os metaproblemas que condicionam o enfrentamento de todos os outros – são *globais* e, sendo assim, não admitem soluções locais. Não há nem pode haver soluções locais para problemas originados e reforçados globalmente. A união do poder e da política pode ser alcançada, se é que pode, no nível planetário. Como Benjamin R. Barber pungentemente afirma: "Nenhuma criança norte-americana pode se sentir segura em sua cama se as crianças de Karachi ou Bagdá não se sentirem seguras nas suas. Os europeus não desfrutarão por muito tempo de suas liberdades se as pessoas de outras partes do mundo permanecerem excluídas e humilhadas."[19] A democracia e a liberdade não podem mais estar plena e verdadeiramente seguras num único país, ou mesmo num grupo de países; sua defesa num mundo saturado de injustiça e habitado por bilhões de pessoas a quem se negou a dignidade humana vai corromper inevitavelmente os próprios valores que os indivíduos deveriam defender. O futuro da democracia e da liberdade só pode se tornar seguro numa escala planetária – ou talvez nem assim.

O medo é reconhecidamente o mais sinistro dos demônios que se aninham nas sociedades abertas de nossa época. Mas é a insegurança do presente e a incerteza do futuro que produzem e alimentam o medo mais apavorante e menos tolerável. Essa insegurança e essa incerteza, por sua vez, nascem de um sentimento de impotência: parecemos não estar mais no controle, seja individual, separada ou coletivamente, e, para piorar ainda mais as coisas, faltam-nos as ferramentas que possibilitariam alçar a política a um nível em que o poder já se estabeleceu, capacitando-nos assim a recuperar e reaver o controle sobre as forças que dão forma à condição que compartilhamos, enquanto estabelecem o âmbito de nossas possibilidades e os limites à nossa liberdade de escolha: um controle que agora escapou ou foi arrancado de nossas mãos. O demônio do medo não será exorcizado até encontrarmos (ou, mais precisamente, *construirmos*) tais ferramentas.

· 2 ·

A humanidade em movimento

Cem anos atrás, Rosa Luxemburgo sugeriu que, embora o capitalismo "necessite de organizações sociais não capitalistas como cenário para o seu desenvolvimento... ele avança assimilando a própria condição capaz por si só de garantir a sua existência".[1] As organizações não capitalistas fornecem um solo fértil para o capitalismo: o capital se alimenta das ruínas dessas organizações e, embora esse ambiente não capitalista seja indispensável à acumulação, esta avança, não obstante, à custa desse meio, devorando-o.

O paradoxo inerente do capitalismo é, a longo prazo, sua perdição: o capitalismo é como uma cobra que se alimenta do próprio rabo... Alternativamente, podemos dizer, usando termos que Rosa Luxemburgo não conhecia, já que só foram inventados na última década, ou nas duas últimas, numa época em que a distância entre o rabo e o estômago estava se encurtando rapidamente e a diferença entre "devorador" e "devorado" se tornava cada vez menos visível: o capitalismo extrai sua energia vital do "*asset stripping*",* prática recentemente trazida à luz pela operação comum das "fusões hostis", a qual necessita continuamente

---

* A prática de comprar uma empresa com o objetivo de vender individualmente seus ativos. Trata-se de um termo usado geralmente num sentido pejorativo, já que essa atividade não é considerada produtiva para a economia. (N.T.)

33

de novos ativos a serem removidos – porém mais cedo ou mais tarde, uma vez aplicada globalmente, os suprimentos tendem a se exaurir, ou a se reduzir abaixo do nível exigido para sua sustentação. Os "ativos" que são "removidos" constituem o produto do trabalho de outros produtores – mas, como esses produtores são privados de seus ativos e portanto eliminados de modo gradual, embora inflexível, tende-se a chegar a um ponto em que não há ativos a serem "removidos".

Em outras palavras, Rosa Luxemburgo divisou um capitalismo morrendo por falta de alimento: morrendo de inanição por ter devorado o último pasto de "alteridade" em que se alimentava. Mas, uma centena de anos depois, parece que um resultado fatal, talvez o *mais* fatal, do triunfo global da modernidade é a crise aguda da indústria de remoção do "lixo humano", pois cada novo posto avançado conquistado pelos mercados capitalistas acrescenta outros milhares ou milhões à massa de homens e mulheres já privados de suas terras, locais de trabalho e redes comunais de proteção.

Jeremy Seabrook descreve vivamente a sorte dos pobres globais de nossos dias, expulsos de sua terra e forçados a buscar a sobrevivência nas favelas que crescem rapidamente na megalópole mais próxima:

> A pobreza global está em fuga; não porque seja escorraçada pela riqueza, mas porque foi expulsa de um interior exaurido e transformado...
>
> A terra que cultivavam, viciada em fertilizantes e pesticidas, não fornece mais um excedente para vender no mercado. A água está contaminada, os canais de irrigação, assoreados, a água das fontes, poluída e impotável... A terra foi tomada pelo governo para a construção de um *resort* litorâneo, de um campo de golfe, ou sofreu a pressão dos planos de ajuste estrutural para exportar mais produtos agrícolas... O prédio da escola não foi restaurado. O centro de saúde foi fechado. As florestas, onde as pessoas sempre obtinham combustível, frutas e bambu para consertos domésticos, foi se

transformado em zonas proibidas, vigiadas por homens com o uniforme de alguma empresa privada semimilitar.[2]

A quantidade de seres humanos tornada excessiva pelo triunfo do capitalismo global cresce inexoravelmente e agora está perto de ultrapassar a capacidade administrativa do planeta. Há uma perspectiva plausível de a modernidade capitalista (ou do capitalismo moderno) *se afogar em seu próprio lixo* que não consegue reassimilar ou eliminar e do qual é incapaz de se desintoxicar (há numerosos sinais da cada vez mais alta toxicidade do lixo que se acumula rapidamente).

Embora as consequências mórbidas do lixo industrial e doméstico para o equilíbrio ecológico e para a capacidade de reprodução no planeta venham sendo há algum tempo matéria de preocupação intensa (embora os debates tenham sido seguidos de pouca ação), ainda não chegamos perto de perceber e entender os efeitos de longo alcance das massas cada vez maiores de *pessoas desperdiçadas* no equilíbrio político e social da coexistência humana planetária. Mas é tempo de começar. Numa situação essencialmente inusitada como a nossa, nem o exame da lista de suspeitos usuais nem o recurso aos meios habituais de lidar com eles serão de muita utilidade para compreender o que está se passando – e que afeta igualmente, embora de maneiras variadas, cada habitante do planeta.

A nova "plenitude do planeta" – o âmbito global dos mercados financeiro, de mercadorias e de trabalho, da modernização administrada pelo capital, e portanto também do modo de vida moderno – tem duas consequências diretas.

A primeira delas é a obstrução dos escoadouros que no passado permitiam a drenagem e a limpeza regulares e oportunas dos "excedentes humanos" dos relativamente poucos enclaves do planeta modernizados e em modernização, excedentes esses que o modo de vida moderno tendeu a produzir numa escala sempre crescente: a população supérflua, supranumerária e irrelevante – a grande quantidade de sobras do mercado de trabalho e o refugo da economia orientada para o mercado, acima da capacidade dos dispositivos de reciclagem. Quando o modo de vida moderno se espalhou (ou foi disseminado à força) para abranger o globo como um todo, e assim deixou de ser privilégio de um número limitado de países selecionados, as terras "vagas" ou "de ninguém" (mais precisamente, aquelas que, graças ao diferencial de poder global, podiam ser vistas e tratadas como vagas e/ou sem dono pelo setor do planeta que já era "moderno"), tendo servido por muitos séculos como o maior escoadouro (principal aterro sanitário) para o despejo do lixo produzido pelo homem, se tornaram pouco numerosas e chegaram perto do desaparecimento total. Quanto às "pessoas excedentes" atualmente expulsas em larga escala das terras que só recentemente ingressaram ou foram empurradas no carro de Jagrená da modernidade,* tais escoadouros nunca existiram antes; a necessidade deles não surgiu nas chamadas sociedades "pré-modernas", inocentes em relação ao problema do lixo, fosse ele humano ou inumano.

Por efeito desse duplo processo – de obstruir os antigos escoadouros externos para a remoção do lixo humano e de não fornecer outros, tanto os "antigos modernos" quanto os recém-chegados à modernidade viram cada vez mais contra si mesmos o gume afiado das práticas excludentes. Nada mais seria de esperar, pois a "diferença" encontrada/produzida no curso da expansão global do modo de vida moderno – mas que pôde ser tratada por vários séculos como um irritante incômodo, embora temporário e curável, e administrada de modo mais ou menos eficaz com a ajuda de estratégias "antropofágicas" ou "antropoêmicas" (termos de Claude Lévi-Strauss) – voltou para casa para dormir. Mas em casa os estratagemas habituais, experimentados e testados em terras distantes não são realistas, e todas as tentativas de aplicá-los domesticamente trazem riscos que não foram testados, imprevisíveis e, portanto, aterrorizantes.

---

* O sociólogo britânico Anthony Giddens descreveu o mundo moderno como um carro de Jagrená, isto é, uma máquina de um enorme poder que pode ser controlado apenas até um certo ponto.

Como Clifford Geertz observou em sua crítica mordaz da atual escolha entre as alternativas da "aplicação da força para garantir a conformidade aos valores daqueles que detêm a força" e de "uma tolerância vazia que não exige e, portanto não altera nada",[3] o poder de implementar a conformidade não está mais disponível, enquanto a "tolerância" deixou de ser um gesto altivo com o qual os arrogantes podiam aplacar seu próprio embaraço e, ao mesmo tempo, a ofensa sofrida por aqueles que se sentiam diminuídos e insultados por sua benevolência simulada. Em nossa época, assinala Geertz, "as questões morais provenientes da diversidade cultural ... que costumavam surgir ... principalmente entre sociedades ... agora surgem cada vez mais no interior delas. As fronteiras sociais e culturais coincidem cada vez menos."

> Foi-se o tempo em que a cidade norte-americana era o principal modelo de fragmentação cultural e distúrbio étnico. A Paris de *nos ancêtres les gaulois* está a ponto de se tornar tão poliglota e policromática quanto Manhattan, e pode ainda ter um prefeito norte-africano (ou pelo menos é o que temem muitos *gaulois*) antes que Nova York tenha um hispânico...
>
> (O) mundo, em cada um de seus pontos locais, está ficando mais parecido com um bazar kuwaitiano do que com um clube de cavalheiros ingleses... *Les mileux* são todos *mixtes*. Não se fazem mais *Umwelte* como antigamente.

Se o excedente populacional (a parte que não pode ser reassimilada aos padrões da vida "normal" e reclassificada na categoria de membros "úteis" da sociedade) pode ser rotineiramente removido e transportado para além das fronteiras da área fechada, dentro da qual se buscam a estabilidade econômica e o equilíbrio social, as pessoas que escaparam ao transporte e permanecem dentro dessa área, mesmo que momentaneamente excedentes, são destinadas à "reciclagem" ou à "reabilitação". Estão "fora" apenas por enquanto, seu estado de exclusão é uma anomalia que exige ser curada e implica uma terapia; precisam claramente ser ajudadas a "voltar" logo que possível. São o "exército de reserva de mão de obra" e devem ser postas e mantidas numa forma decente que lhes permita retornar ao serviço ativo na primeira oportunidade.

Tudo isso muda, contudo, quando os canais de drenagem do excedente de seres humanos são obstruídos. Quanto mais a população "em excesso" permanece do lado de dentro e anda ao lado dos "úteis" e "legítimos" restantes, menos claras e tranquilizadoras parecem as linhas que separam a "normalidade" da "anormalidade" e a incapacidade temporária da destinação final ao depósito de lixo. Em vez de continuar sendo uma miséria confinada a uma parte relativamente diminuta da população, como costumava ser percebida, a destinação ao "lixo" se torna uma perspectiva potencial para todos – um dos dois polos entre os quais oscila a posição social, presente e futura, de todo mundo. As ferramentas e os estratagemas de intervenção habituais desenvolvidos para lidar com uma anormalidade vista como temporária e que afetava uma minoria não bastam para enfrentar o "problema do lixo" em sua nova forma – nem são adequados especialmente para essa tarefa.

Embora possam ser assustadores, todos esses contratempos e incertezas, assim como outros parecidos, tendem a ser ampliados e se tornam mais agudos nas partes do globo que só recentemente se confrontaram com o fenômeno do "excedente populacional", que até então não conheciam – e consequentemente com o problema da remoção do lixo. "Recentemente" neste caso significa *tardiamente*, numa época em que o planeta já está cheio, não há "terras vagas" para servirem de depósitos de lixo e todas as assimetrias das fronteiras se voltam firmemente contra os recém-chegados à família dos modernos. Outras terras não convidarão os excedentes de outros povos, nem podem ser obrigadas a acomodá-los como elas próprias foram no passado. Em oposição aos produtores de lixo de outrora, que costumavam buscar e encontrar soluções *globais* para os problemas produzidos *localmente*, esses "retardatários da modernidade" são obrigados a buscar soluções *locais* para problemas causados *globalmente* – com chances de êxito mínimas, na melhor das hipóteses, mas com muita frequência inexistentes.

Quer seja voluntária ou imposta, a submissão às pressões globais, e a consequente abertura de seu território à livre circulação de capitais e mercadorias, colocou em risco a maior parte das empresas familiares e comunais que antes tinham a capacidade e a disposição de absorver, empregar e apoiar todos os seres humanos que nasciam e, na maioria das vezes, garantiam sua sobrevivência. É só agora que os recém-chegados ao mundo dos "modernos" experimentam aquela "separação entre o lar e a empresa", com todo o seu séquito de levantes sociais e miséria humana, processo que os pioneiros da modernidade atravessaram centenas de anos atrás e de uma forma atenuada pela disponibilidade de soluções globais para seus problemas: a abundância de terras "vagas" e "de ninguém" que podiam ser facilmente usadas para depositar uma população excedente que não podia mais ser absorvida por uma economia emancipada das restrições familiares e comunais. Esse luxo está absolutamente indisponível aos retardatários.

As guerras e os massacres tribais, a proliferação de "exércitos de guerrilheiros" ou gangues de criminosos e traficantes de drogas posando de defensores da liberdade, ocupados em dizimar as fileiras uns dos outros, mas absorvendo e, no devido tempo, aniquilando nesse processo o "excedente populacional" (principalmente os jovens, que não conseguem emprego e não têm perspectivas) – essa é uma das "quase soluções locais para problemas globais", distorcidas e perversas, a que os retardatários da modernidade são obrigados a recorrer, ou melhor, acabam recorrendo. Centenas de milhares de pessoas, às vezes milhões, são escorraçadas de seus lares, assassinadas ou forçadas a buscar a sobrevivência fora das fronteiras de seu país. Talvez a única indústria florescente nas terras dos retardatários (conhecidas pelo apelido, tortuoso e frequentemente enganoso, de "países em desenvolvimento") seja a *produção em massa de refugiados*.

Os produtos cada vez mais prolíficos dessa indústria foram os que o primeiro-ministro britânico propôs varrer para baixo do tapete de outros povos descarregando-os "perto de seus países de origem", em campos permanentemente temporários (conhecidos pelo apelido, tortuoso e frequentemente enganoso, de "refúgios seguros") a fim de manter locais seus problemas locais – de modo a cortar pela raiz todas as tentativas dos retardatários de seguirem o exemplo dos pioneiros da modernidade buscando soluções globais (as únicas efetivas) para problemas produzidos localmente. O que ele de fato propôs (embora não literalmente) foi preservar o bem-estar do seu país à custa da exacerbação dos problemas já inadministráveis de "excedente populacional" dos vizinhos imediatos retardatários, onde há forçosamente uma semelhante produção em massa de refugiados...

Observemos que, ao mesmo tempo em que recusa compartilhar o esforço de "remoção" e "reciclagem do lixo", o Ocidente abastado faz muito para aumentar a sua *produção* – não apenas indiretamente, desmantelando um a um e eliminando como "improdutivos" ou "economicamente inviáveis" todas as antigas organizações de proteção contra o problema do lixo, mas também diretamente, travando guerras globalizantes e desestabilizando um número cada vez maior de sociedades. Às vésperas da invasão do Iraque, a Otan foi solicitada a mobilizar seus exércitos para ajudar a Turquia a fechar sua fronteira com o Iraque a fim de impedir um ataque ao país. Muitos estadistas dos países da Otan foram contrários a isso, levantando reservas imaginosas – mas nenhum deles mencionou publicamente que o perigo do qual a Turquia precisava ser protegida (ou assim se pensava) era o influxo de refugiados iraquianos transformados em sem-teto pela invasão norte-americana – e não a invasão da Turquia por um exército iraquiano, que a invasão norte-americana iria certamente destruir e pulverizar.[4]

Embora honestos, os esforços para conter a maré da "migração econômica" não são e provavelmente não podem ser 100% exitosos. A miséria prolongada cria milhões de desesperados e, na era da fronteira global e do crime globalizado, dificilmente se poderia esperar que faltassem "empresas" ávidas por ganhar um trocado ou alguns milhões em cima desse desespero. Daí a segunda consequência formidável da grande transformação atual: milhões de migrantes vagando pelas estradas antes trilhadas pela "população excedente" descarregada pelas estufas da modernidade – só que desta vez na direção oposta, e sem ajuda dos exércitos de conquistadores, mercadores e missionários. A dimensão plena dessa consequência e suas repercussões ainda estão para ser reveladas e entendidas em todas as suas muitas ramificações.

Numa breve mas intensa troca de opiniões relacionada à guerra no Afeganistão, que ocorreu em 2001, Garry Younge refletiu, um dia *antes* do 11 de Setembro, sobre a condição do planeta. Ele lembrou de "um barco cheio de refugiados afegãos flutuando ao largo da Austrália" (para os aplausos de 90% dos australianos) que acabou sendo conduzido a uma ilha desabitada no meio do Oceano Pacífico:

> É interessante agora que eles fossem afegãos, já que neste momento a Austrália está muito envolvida na coalizão, pensa que não há nada melhor que um Afeganistão livre e está preparada para lançar bombas com esse objetivo ... Também é interessante que agora tenhamos um secretário de Relações Exteriores que compara o Afeganistão aos nazistas, mas que, quando era secretário do Interior e um grupo de afegãos aportou em Stansted, disse que não havia perigo de perseguição e os fez retornar.[5]

Younge conclui que em 11 de setembro de 2001 o mundo era "um lugar sem lei" onde tanto ricos quanto pobres sabiam que "o poder tem razão", que os opulentos e poderosos podem ignorar e contornar a lei internacional (ou o que queiram chamar por esse nome) quando a considerem inconveniente, e que a riqueza e o poder determinam não apenas a economia, mas também a moral e a política do espaço global, assim como tudo mais que diga respeito às condições de vida no planeta.

Pouco tempo depois, foi solicitado a um juiz da Alta Corte em Londres que verificasse a legalidade do tratamento dispensado a seis pessoas em busca de asilo, que fugiam de regimes oficialmente reconhecidos como "malignos", ou pelo menos rotineiramente violadores ou negligentes no que diz respeito aos direitos humanos – como Iraque, Angola, Ruanda, Etiópia e Irã.[6] Keir Starmer QC,[*] atuando em defesa dos seis, contou ao magistrado, o juiz Collins, que as novas regras introduzidas na Grã-Bretanha haviam deixado centenas de pessoas em busca de asilo "tão destituídas que elas não podiam seguir seus processos". Elas dormiam nas ruas, passavam frio, fome, tinham medo e estavam doentes; algumas "reduzidas a viver em cabines telefônicas e estacionamentos". Não tinham direito a "dinheiro, acomodações e comida", e eram proibidas de procurar emprego remunerado, embora lhes fosse negado o acesso aos benefícios sociais. Além de não terem controle algum quanto a quando e onde (ou se) os seus pedidos de asilo seriam transformados em processos. Uma mulher que escapou de Ruanda após ser estuprada e espancada repetidas vezes acabou passando a noite numa cadeira da delegacia de Croydon – sob a condição de que não caísse no sono. Um angolano, que encontrou o pai ferido a tiros e a mãe e a irmã nuas na rua depois de terem sido estupradas várias vezes, acabou sem qualquer tipo de apoio e dormindo ao relento. No caso apresentado por Keir Starmer QC, o juiz declarou ilegal a recusa à assistência social. Mas o secretário do Interior reagiu raivosamente ao veredicto: "Para ser franco, estou pessoalmente farto de ter de lidar com uma situação em que o Parlamento debate os assuntos e depois os juízes invalidam sua decisão ... Nós não aceitamos o que disse o senhor juiz Collins. Vamos tentar derrubar esse veredic-

---

[*] Queen's Counsel, ou King's Counsel (KC), quando o soberano é de sexo masculino, é um advogado nomeado por carta-patente para ser um "consultor jurídico de Sua Majestade". Os QCs não constituem uma ordem distinta de advogados, porém são mais do que meros profissionais, pois seu status é conferido pela coroa e reconhecido pelos tribunais. Para fazer parte do Conselho, é preciso ter atuado por pelo menos 15 anos como causídico. (N.T.)

to."[7] Na mesma época, 200 casos semelhantes esperavam uma decisão dos tribunais.

A sorte das seis pessoas que tiveram seu caso apresentado por Keir Starmer QC foi provavelmente um efeito colateral da superlotação e do congestionamento dos campos de refugiados, planejados ou improvisados, para os quais são transportadas rotineiramente, no momento em que chegam, as pessoas em busca de asilo na Grã-Bretanha. O número de vítimas da globalização sem teto e sem Estado cresce rápido demais para que o planejamento, a instalação e a construção desses campos possam dar conta dele.

Um dos efeitos mais sinistros da globalização é a desregulamentação das guerras. A maior parte das ações belicosas dos dias de hoje, e das mais cruéis e sangrentas entre elas, são travadas por entidades não estatais, que não se sujeitam a leis estatais ou quase estatais, nem às convenções internacionais. São simultaneamente o resultado e as causas auxiliares, porém poderosas, da erosão contínua da soberania do Estado e das permanentes condições de fronteira que prevalecem no espaço global "supraestatal". Os antagonismos intertribais vêm à tona graças ao enfraquecimento dos braços do Estado; no caso dos "novos Estados", de braços que nunca tiveram tempo (ou permissão) para criar músculos. Uma vez iniciadas, as hostilidades tornam as incipientes ou arraigadas leis do Estado inaplicáveis e, para todos os fins práticos, nulas e inúteis.

A população geral de um Estado se vê assim num espaço sem lei. A parte dela que resolve e consegue fugir do campo de batalha encontra-se em outro tipo de anarquia, a da fronteira global. Uma vez fora das fronteiras de seu país natal, os fugitivos são, além de tudo, privados do apoio de uma autoridade de Estado reconhecida que possa colocá-los sob sua proteção, fazer valer seus direitos e interceder em seu favor junto a potências estrangeiras. Os refugiados são pessoas sem Estado, mas num novo sentido: sua carência é elevada a um nível inteiramente novo pela inexistência, ou pela presença fantasma, de uma autoridade estatal à qual sua cidadania pudesse referir-se. Eles são, como afirma Michel Agier em seu criterioso estudo sobre refugiados na era da globalização, *hors du nomos* – fora da lei;[8] não desta ou daquela lei vigente neste ou naquele país, mas da *lei em si*. São degredados e foragidos de um novo tipo, produtos da globalização, a mais completa epítome e encarnação de seu espírito de fronteira. Citando novamente Agier, foram lançados a uma condição de "flutuantes liminares", e não sabem nem podem saber se esta é transitória ou permanente. Mesmo que permaneçam estacionários por algum tempo, estão numa jornada que nunca se completa, já que seu destino (seja de chegada ou de retorno) continua eternamente incerto, enquanto o lugar que poderiam chamar de "definitivo" permanece para sempre inacessível. Nunca estarão livres de um persistente senso de transitoriedade e indefinição, assim como da natureza provisória de qualquer assentamento.

A sorte dos refugiados palestinos, muitos dos quais nunca experimentaram viver fora dos campos improvisados e montados de forma precária mais de 50 anos atrás, tem sido bem documentada. Quando, porém, a globalização cobra seu tributo, novos campos (menos conhecidos, que não atraem atenção ou foram esquecidos) surgem em profusão em torno de áreas conflagradas, prefigurando o modelo que, na opinião de Tony Blair, o Alto Comissariado das Nações Unidas para Refugiados deveria tornar obrigatório. Por exemplo, os três campos de Dabaab, cujo número de habitantes é igual ao do resto da província queniana de Garissa, onde foram alocados em 1991-92, não mostram sinais de fechamento iminente, embora mais de uma década depois ainda não apareçam nos mapas do país – foram concebidos, evidentemente, como soluções temporárias, apesar de seu caráter obviamente permanente. O mesmo se aplica aos campos de Ilfo (que começou a funcionar em setembro de 1991), Dagahaley (março de 1992) e Hagadera (junho de 1992).[9]

Uma vez refugiado, sempre refugiado. As estradas que levam de volta ao paraíso doméstico perdido (ou melhor, já inexistente) foram praticamente fechadas, e todas as saídas do purgatório dos campos conduzem ao inferno... A sucessão de dias vazios dentro do perímetro do campo sem perspectiva pode ser dura de aguentar, mas Deus não permita que os plenipotenciários da humanidade, nomeados ou voluntários, cujo trabalho consiste em manter os refugiados dentro do campo, mas longe da perdição, tirem o plugue da tomada. E, no entanto, eles o fazem, repetidamente, sempre que os poderes constituídos decidem que os exilados não são mais refugiados, já que aparentemente "é seguro voltar" àquela terra natal que há muito tempo deixou de ser seu lar e nada tem que pudesse ser oferecido ou que seja desejado.

Há, por exemplo, cerca de 900 mil refugiados dos massacres intertribais e dos campos de batalha das guerras selvagens travadas há décadas na Etiópia e na Eritreia, espalhados pela região Norte do Sudão (incluindo a mal-afamada Darfur), por si mesmo uma nação empobrecida e devastada pela guerra, além de apinhada de outros refugiados que relembram com horror os campos de extermínio do sul do país.[10] Por uma decisão da agência da ONU, endossada por organizações de caridade não governamentais, eles não são mais refugiados e, portanto, não têm mais direito à ajuda humanitária. Mas eles se recusaram a ir embora; não creem que haja "um lar" a que possam "voltar", já que os lares de que se recordam foram pilhados ou roubados. A nova tarefa de seus guardiões humanitários se tornou, portanto, *fazê-los* ir embora... No campo de Kassala, primeiro a água foi cortada e depois os habitantes foram removidos à força para além do perímetro do campo, o qual, da mesma forma que seus lares na Etiópia, foi então totalmente arrasado para impedir qualquer ideia de retorno. Os residentes dos campos Um Gulsam Laffa e Newshagarab tiveram o mesmo destino. Segundo o testemunho de moradores dos vilarejos locais, cerca de oito mil pessoas morreram quando os hospitais dos campos foram fechados, os poços foram destruídos e a entrega de comida foi interrompida. Na verdade, é difícil comprovar esses relatos, embora se possa ter certeza de que centenas de milhares de pessoas já desapareceram e continuam a desaparecer dos registros e estatísticas sobre refugiados, ainda que não tenham conseguido escapar da terra de ninguém da não humanidade.

A caminho dos campos, os futuros moradores são despidos de todos os elementos de suas identidades, menos um: o de refugiado sem Estado, sem lugar, sem função e "sem documentos". Do lado de dentro das cercas do campo, são reduzidos a uma massa sem rosto, sendo-lhes negado o acesso a confortos elementares que compõem suas identidades e dos fios usuais de que estas são tecidas. Tornar-se "*um* refugiado" significa perder...

> Os meios em que se baseia a existência social, ou seja, um conjunto de coisas e pessoas comuns que têm significados – terra, casa, aldeia, cidade, pais, posses, empregos e outros pontos de referência cotidianos. Essas criaturas à deriva e à espera não têm coisa alguma senão sua "vida indefesa, cuja continuação depende da ajuda humanitária.[11]

O último aspecto é extremamente preocupante. A figura do agente humanitário, seja ele contratado ou voluntário, não é em si mesma um elo importante na cadeia da exclusão? Há dúvidas se as agências humanitárias, embora façam o máximo para afastar as pessoas do perigo, não acabam ajudando inadvertidamente os "faxineiros étnicos". Agier reflete se o humanitário não é um "agente da exclusão a um custo menor" e (mais importante ainda) um dispositivo planejado para descarregar e dissipar a ansiedade do resto do mundo, absolver os culpados e tranquilizar os escrúpulos dos espectadores, assim como reduzir o senso de urgência e o medo do acaso. Com efeito, colocar os refugiados nas mãos dos "agentes humanitários" (e fechar os olhos aos guardas armados que aparecem no segundo plano) parece ser a forma ideal de conciliar o inconciliável: o desejo poderoso de remover o nocivo lixo humano ao mesmo tempo em que é satisfeito o próprio e pungente desejo de retidão moral.

É possível que se possa curar a consciência culpada cuja causa é o destino da parcela condenada da humanidade. Para obter esse efeito, basta permitir que o processo de biosegregação prossiga, invocando e fixando identidades maculadas por guerras, violência, êxodos, doenças, miséria e desigualdade – um processo que já está em pleno curso. Os portadores do estigma serão mantidos definitivamente à distância em razão de sua humanidade inferior, o que representa sua desumanização tanto física quanto moral.[12]

Os refugiados são a própria encarnação do "lixo humano", sem função útil a desempenhar na terra em que chegam onde permanecerão temporariamente, e sem a intenção ou esperança realista de serem assimilados e incluídos no novo corpo social. De seu atual depósito de lixo, não há volta nem estrada que leve adiante (a menos que conduza a lugares ainda mais distantes, como no caso dos refugiados afegãos escoltados por navios da marinha australiana para uma ilha distante de todas as rotas regulares ou até irregulares). A existência de uma distância grande o suficiente para evitar que os eflúvios venenosos da decomposição social atinjam lugares habitados pelos nativos é o principal critério de seleção da localização dos campos temporários-permanentes. Fora daquele lugar, os refugiados seriam vistos como um obstáculo e um problema; dentro dele, são esquecidos. Ao mantê-los lá e impedir qualquer possibilidade de escaparem, ao tornar a separação definitiva e irreversível, "a compaixão de alguns e o ódio de outros" colaboram na produção do mesmo efeito: tomar distância e permanecer distante.[13]

Nada resta senão os muros, o arame farpado, os portões controlados, os guardas armados. Entre si, eles definem a identidade do refugiado – ou melhor, eliminam o seu direito de autodefinição, que dirá de autoafirmação. Todo refugo, incluindo o lixo humano, tende a ser depositado indiscriminadamente no mesmo local. Essa destinação do lixo põe fim a diferenças, individualidades e idiossincrasias. Lixo não precisa de distinções finas ou nuances sutis, a menos que seja destinado à reciclagem. Mas as expectativas dos refugiados de serem reciclados em membros legítimos e reconhecidos da sociedade humana são, para dizer o mínimo, diminutas e infinitamente remotas. Todas as medidas têm sido tomadas para garantir a permanência de sua exclusão. As pessoas desqualificadas foram depositadas num território sem valor, enquanto todas as estradas de ida ou de volta dos lugares importantes e dos locais em que os significados socialmente legíveis podem ser forjados diariamente, e o são, foram bloqueadas para sempre.

Aonde quer que vão, os refugiados são indesejáveis e não há dúvida quanto a isso. As pessoas reconhecidas como "migrantes econômicos" (ou seja, aquelas que seguem o preceito da "escolha racional" decantado pelo coro neoliberal, e assim tentam encontrar uma forma de subsistência onde esta possa ser encontrada, em vez de ficarem onde não existe nenhuma) são condenadas abertamente pelos mesmos governos que se esforçam em fazer da "flexibilidade do trabalho" a virtude máxima de seu eleitorado e que exortam os desempregados nativos a darem no pé e irem ao encontro dos empregadores. Mas a suspeita de motivos econômicos também respinga sobre os recém-chegados que não muito tempo atrás, ao procurarem asilo por motivo de discriminação e perseguição, considerava-se que estavam exercendo seus direitos humanos. Devido à associação repetida, o termo "pessoa em busca de asilo" adquiriu um tom pejorativo. Os estadistas da "União Europeia" empregam a maior parte do seu tempo e inteligência planejando formas cada vez mais sofisticadas de fortificar as fronteiras e procedimentos mais eficazes para se livrarem das pessoas que, apesar de tudo, conseguiram atravessá-las e estão em busca de pão e abrigo.

David Blunkett, como secretário britânico do Interior, para não ser superado, propôs chantagear os países de origem dos refugiados para que estes levassem de volta "as pessoas desqualificadas em busca de asilo", ameaçando cortar a ajuda financeira aos que não o fizessem.[14] Essa não foi sua única ideia nova. Blunkett desejava "forçar o ritmo da mudança", queixando-se de que, devido à falta de energia dos outros líderes europeus, "o progresso continua sendo muito lento". Ele queria que fosse criada uma "força de operações capaz de ser reunida rapidamente" e "uma força-tarefa de especialistas nacionais" para "esboçar avaliações de riscos comuns, identificando pontos fracos nas ... fronteiras externas da UE, tratando do tema da migração marítima ilegal e atacando a questão do tráfico de seres humanos (novo termo destinado a substituir, e difamar, o conceito de "direito de trânsito", anteriormente nobre).

Com a cooperação ativa de governos e de outras figuras públicas que encontram no apoio e na incitação a preconceitos populares o único substituto disponível para o enfrentamento das verdadeiras fontes da incerteza existencial que assombra seus eleitores, as "pessoas em busca de asilo" substituíram as bruxas com mau-olhado e outros malfeitores impenitentes, os espectros e duendes malignos das antigas lendas urbanas. O novo folclore urbano cada vez mais incrementado coloca as vítimas da exclusão planetária no papel de principais "vilões da peça" – enquanto coleta, confere e recicla o conhecimento transmitido por arrepiantes histórias de terror, pelo qual as inseguranças da vida nas cidades têm gerado, agora e no passado, uma demanda constante e cada vez mais ávida. Como sugeriu Martin Bright, os abomináveis conflitos anti-imigrantes na cidade britânica de Wrexham "não foram um evento isolado. Os ataques a pessoas em busca de asilo estão se tornando uma regra no Reino Unido".[15] Em Plymouth, por exemplo, tais ataques viraram rotina. "Sonam, um agricultor de 23 anos oriundo do Nepal, chegou a Plymouth oito meses atrás. Seu sorriso cauteloso revela dois dentes perdidos, não nos violentos conflitos em seu país natal, mas voltando da loja da esquina em Davenport."

A hostilidade dos nativos, combinada com a recusa das autoridades em conceder os benefícios de Estado aos recém-chegados que não conseguem pedir asilo imediatamente, com a redução das verbas de "proteção humanitária" e a dura política de deportação destinada aos refugiados "indesejáveis" (10.740 foram deportados em 2002, 1.300 foram detidos esperando deportação em junho de 2003), resultou numa drástica redução dos pedidos de asilo – de 8.900 em outubro de 2002 para 3.600 em junho de 2003. Os dados foram interpretados triunfalmente por David Blunkett como evidência do louvável sucesso da política do governo e prova insofismável de que as medidas "duras estavam funcionando". Realmente estavam, embora o Conselho de Refugiados assinalasse que "apenas evitar a entrada de pessoas no Reino Unido" dificilmente poderia ser apresentado como um "sucesso", considerando-se que "algumas delas podem estar precisando desesperadamente de ajuda".[16]

Quanto aos migrantes que, apesar dos estratagemas mais engenhosos, não puderam ser prontamente deportados, o governo propôs confiná-los em campos de refugiados a serem construídos possivelmente em partes remotas e isoladas do país (medida que transforma em profecia autorrealizadora a crença generalizada de que "os migrantes não querem ou não podem ser assimilados à vida econômica"). O governo tem se ocupado, como observou Gary Younge, "efetivamente em erigir bantustões na zona rural da Grã-Bretanha, encurralando os refugiados de uma forma que os deixa isolados e vulneráveis".[17] As pessoas em busca de asilo, conclui Younge, "são, provavelmente, mais vítimas que criminosas".

Dos refugiados registrados pelo Alto Comissariado das Nações Unidas, 83,2% estão em campos na África e 95,9% na Ásia. Na Europa, até agora, apenas 14,3% dos refugiados foram trancafiados nesses lugares. Mas são poucas as esperanças de que essa diferença em favor da Europa seja mantida por muito tempo.

Os refugiados se encontram em meio a um fogo cruzado – mais precisamente, num dilema.

São expulsos à força ou obrigados pelo medo a fugirem de seus países de origem, mas sua entrada em qualquer outro é recusada. Eles não *mudam* de lugar – *perdem* seu lugar na terra e são catapultados para lugar nenhum, para os "*non-lieux*" de Augé ou as "*nowherevilles*" de Garreau, ou amontoados nas "*Narrenschiffen*" de Foucault, um "lugar sem lugar" levado pela correnteza, "que existe por si mesmo, que é fechado em si mesmo e, ao mesmo tempo, entregue à infinitude do oceano"[18] – ou (como sugere Michel Agier) para um deserto, por definição uma terra desabitada, que se ressente dos seres humanos e raramente é por eles visitada.

Os campos de refugiados ou pessoas em busca de asilo são artifícios de uma instalação temporária que se tornam permanentes quando têm suas saídas bloqueadas. Permitam-me repetir: os habitantes dos campos de refugiados ou "pessoas em busca de asilo" não podem voltar para "o lugar de onde vieram", já que os países que deixaram não os querem de volta, suas formas de subsistência foram destruídas, suas casas foram pilhadas, demolidas ou tomadas – mas também não há uma estrada que os leve adiante, já que nenhum governo ficará satisfeito em assistir a um influxo de milhões de sem-teto, e todos fariam o possível para impedir que os recém-chegados se estabelecessem.

Quanto a sua localização "permanentemente temporária", os refugiados "estão lá, mas não são de lá". Não pertencem realmente ao país em cujo território foram montadas suas cabanas ou fixadas suas tendas. Estão separados do resto do país que os hospeda por um véu de suspeita e ressentimento invisível, mas que ao mesmo tempo é espesso e impenetrável. Estão suspensos num vácuo espacial em que o tempo foi interrompido. Não estão estabelecidos nem em movimento; não são sedentários nem nômades.

Nos termos habituais em que se descrevem as identidades humanas, elas são *inefáveis*. São a encarnação dos "*undecidables*" de Jacques Derrida. Entre pessoas como nós, elogiadas pelos outros e que se orgulham de dominar as artes da reflexão e da autorreflexão, elas não são apenas intocáveis, mas impensáveis. Num mundo repleto de comunidades imaginadas, são os *inimagináveis*. E é recusando-lhes o direito de serem imaginados que os outros, reunidos em comunidades genuínas, ou que assim pretendem vir a ser, buscam credibilidade para seus próprios esforços de imaginação.

Os campos de refugiados apregoam uma nova qualidade: uma "transitoriedade congelada", um estado de provisoriedade persistente e permanente, uma duração remendada constituída de momentos dos quais nenhum é vivido como um elemento da perpetuidade, muito menos como contribuição a ela. Para os habitantes dos campos de refugiados, a perspectiva das sequelas a longo prazo e de suas consequências não faz parte de sua experiência. Eles vivem, literalmente, um dia após o outro – e os conteúdos de sua vida diária não são afetados pelo conhecimento de que os dias se combinam e formam meses e anos. Como nas prisões e "hiperguetos" examinados e vividamente descritos por Loïc Wacquant, os refugiados acampados "aprendem a viver, ou melhor, sobreviver, dia após dia, na contiguidade do momento, embebendo-se ... no desespero que cresce dentro dos muros".[19]

Usando termos derivados das análises de Loïc Wacquant,[20] podemos dizer que os campos de refugiados misturam, combinam e cristalizam os traços distintivos tanto do "gueto comunitário" da era fordista-keynesiana quanto do "hipergueto" de nossos tempos pós-fordistas e pós-keynesianos. Se os "guetos comunitários" eram "minissociedades" relativamente autossustentáveis e autorreprodutíveis, que incluíam réplicas em miniatura da estratificação existente na sociedade mais ampla, ao lado das divisões funcionais e das instituições necessárias para atender a todas as necessidades da vida comunal, os "hiperguetos" são tudo, menos comunidades autossustentáveis. São, poderíamos dizer, pilhas de "pontas de fios cortados" – coleções, artificiais e totalmente incompletas, de rejeitados; agregados, mas não comunidades; condensações topográficas incapazes de sobrevirver por si mesmas. Quando as elites dos "guetos comunitários" conseguiram sair, deixando de alimentar a rede de empreendimentos econômicos que sustentava (ainda que precariamente) a subsistência do restante da população local, entraram em cena as agências do Estado de proteção e controle (as duas funções, como regra, intimamente interligadas). Os habitantes do "hipergueto" estão suspensos por fios que se originam fora de suas fronteiras e que certamente estão fora de seu controle.

Michel Agier descobriu nos campos de refugiados algumas características dos "guetos comunitários", misturadas com atributos do "hipergueto".[21] Podemos presumir que tal combinação fortalece ainda mais os laços que unem os habitantes ao campo. A atração que mantém juntos os residentes do "gueto comunitário" e a repulsão que condensa os excluídos no "hipergueto", ambas forças poderosas por direito próprio, aqui se sobrepõem e se reforçam mutuamente. Em combinação com a agitada e inflamada hostilidade do ambiente externo, elas geram em conjunto uma força centrípeta poderosíssima à qual é difícil de resistir, tornando quase redundantes as técnicas infames de clausura e isolamento desenvolvidas pelos administradores e supervisores dos Auschwitzs e Gulags. Mais que qualquer outro microuniverso social inventado, os campos de refugiados se aproximam do tipo ideal da "instituição total" de Erving Goffman: oferecem, por ação ou omissão, uma "vida total" de que é impossível escapar, e assim impedem efetivamente o acesso a qualquer outra forma de vida.

A permanência da transitoriedade; a durabilidade do provisório; a determinação objetiva irrefletida na consequência subjetiva das ações; o papel social perpetuamente subdefinido, ou, mais corretamente, a inserção no fluxo vital sem a âncora de um papel social – tudo isso, juntamente com as características correlatas da vida líquido-moderna, foi exposto e documentado nas descobertas de Agier.

Fica-se imaginando, porém, em que medida os campos de refugiados podem ser vistos como laboratórios em que (talvez inadvertidamente, mas nem por isso de modo menos enérgico) o novo padrão de vida líquido-moderno, "permanentemente transitório", está sendo testado e pesquisado...

Refugiados e imigrantes, vindos de "muito longe", que solicitam a permissão de se estabelecerem nas vizinhanças, são singularmente adequados para o papel de uma efígie por meio da qual se pode queimar o espectro das "forças globais", temidas e odiadas por fazerem seu trabalho sem consultar aqueles que tendem a ser afetados pelos resultados. Afinal de contas, as pessoas em busca de asilo e os "migrantes econômicos" são réplicas coletivas (um alter ego? companheiros de viagem? imagens no espelho? caricaturas?) da nova elite do poder do mundo globalizado, a qual provoca grandes (e justificadas) suspeitas de que seja o verdadeiro vilão da história. Tal como essa elite, eles não têm laços com lugar algum, são mutáveis e imprevisíveis. Da mesma forma que ela, são o epítome do insondável "espaço de fluxos" em que se fincam as raízes da atual precariedade da condição humana. Procurando em vão outros escoadouros mais adequados, os medos e ansiedades que se tornam alvos mais à mão e reemergem como o ressentimento popular e o medo dos "estrangeiros vizinhos". A incerteza não pode ser dissipada nem dispersa no confronto direto com a outra encarnação da extraterritorialidade: a elite global que é carregada pela correnteza, além do alcance do controle humano. Essa elite é poderosa demais para ser confrontada e desafiada diretamente, ainda que sua localização exata fosse conhecida (o que não é). Os refugiados, por outro lado, desesperançados e infelizes, são um alvo claramente visível, fixo e fácil para descarregar o excedente de raiva, ainda que sejam totalmente irrelevantes para os mistérios e os temores da miséria que causaram essa raiva.

Permitam-me acrescentar que, quando confrontados com um influxo de "*outsiders*", "os estabelecidos" (para usar os termos memoráveis de Norbert Elias) têm toda razão de se sentirem ameaçados. Além de representarem o "grande desconhecido" que todos os "estranhos em nosso meio" encarnam, esses forasteiros em particular, os refugiados, trazem os ruídos distantes da guerra e o mau-cheiro de lares destruídos e aldeias arrasadas que lembram aos estabelecidos com que facilidade o casulo de sua rotina segura e familiar (segura *porque* é familiar) pode ser penetrado ou rompido, e como deve ser ilusória a proteção proporcionada por sua posição na sociedade. O refugiado, como assinalou Bertold Brecht em *Die Landschaft der Exils*, é *"ein Bote des Unglücks"* ("um arauto das más notícias").

A década de 1970 foi aquela em que os "30 anos gloriosos" da reconstrução do pós-guerra, do pacto social e do otimismo desenvolvimentista que acompanharam o desmantelamento do sistema colonial e a proliferação de "novas nações" estavam caindo no passado, abrindo as portas para o admirável mundo novo de fronteiras removidas ou vazadas, o dilúvio de informações, a globalização galopante, o festival de consumo no norte abastado e um "senso de desespero e exclusão cada vez mais profundo em grande parte do resto do mundo", a partir "do espetáculo da riqueza de um lado e da destituição do outro".[22] Podemos vê-la agora, com o benefício do tempo, como um verdadeiro divisor de águas na história moderna. No final daquela década, o ambiente em que homens e mulheres enfrentavam os desafios da vida havia mudado sub-repticiamente, embora de maneira radical, invalidando as sabedorias existenciais usadas até então e demandando uma profunda revisão e reforma das estratégias de vida.

A impossibilidade de "soluções globais para problemas produzidos localmente", e mais exatamente a atual crise da "indústria de remoção do lixo humano", se reflete no tratamento dispensado aos refugiados e às pessoas em busca de asilo pelos países visados pelos migrantes globais em sua busca de proteção contra a violência, além de pão e água potável. Também está mudando radicalmente a sorte dos "internamente excluídos" dentro desses países.

Um dos aspectos mais decisivos da mudança no tratamento dispensado aos "internamente excluídos" (agora rebatizados de "subclasse") se revelou relativamente cedo e tem sido desde então amplamente documentado: a passagem do modelo de um "Estado social" de uma comunidade inclusiva para um Estado "excludente", da "justiça criminal", "penal" ou do "controle do crime". David Garland, por exemplo, observa que:

> Tem havido uma marcante mudança de ênfase da modalidade do bem-estar social para a modalidade penal ... O modo penal, além de estar se tornando mais importante, também ficou mais punitivo, mais expressivo, mais voltado para a segurança ... O modo do bem-estar social, além de se tornar mais silencioso, ficou mais condicional, mais centrado no delito, mais consciente dos riscos...
>
> Os transgressores ... têm agora menos probabilidade de ser representados no discurso oficial como cidadãos socialmente carentes que precisam de apoio. Em vez disso, são apresentados como indivíduos que merecem ser castigados, indignos e um tanto perigosos.[23]

Loïc Wacquant observa uma "redefinição da missão do Estado";[24] este "recua na arena econômica, alegando a necessidade de reduzir seu papel social à ampliação e ao reforço de sua intervenção penal".

Ulf Hedetoft descreve o mesmo aspecto da transformação desses 30 anos a partir de um outro lado (embora intimamente relacionado), voltado para os "externamente excluídos", os imigrantes potenciais.[25] Ele nota que "as fronteiras entre Nós e Eles estão sendo retraçadas de um modo mais rígido" que nunca. Seguindo a opinião de Andreas e Snyder,[26] Hedetoft sugere que, além de se tornarem mais seletivas e diversificadas nas formas que assumiram, as fronteiras se transformaram no que se poderia chamar de "membranas assimétricas": permitem a saída, mas "protegem contra o ingresso indesejado de unidades do outro lado". Para esse fim, postos avançados, como controles nos aeroportos e portos de saída marítimos de outros países, foram acrescentados aos postos de controle ortodoxos da imigração mantidos ao longo da fronteira territorial:

> Estabelecendo medidas de controle nas fronteiras externas, mas – o que é igualmente importante – um regime mais estrito de concessão de vistos em países de emigração do "Sul" ... [As fronteiras] se diversificaram, da mesma forma que os controles de fronteira, estabelecendo-se não apenas nos lugares convencionais ... mas nos

aeroportos, embaixadas e consulados, nos centros de asilo e no espaço virtual na forma da colaboração entre a polícia e as autoridades de imigração de diferentes países.

Como que para fornecer uma prova imediata da tese de Hedetoft, o primeiro-ministro britânico teve um encontro com Ruud Lubbers, o alto-comissário da ONU para Refugiados, a fim de sugerir o estabelecimento de "abrigos seguros" para potenciais pessoas em busca de asilo *perto de seus países de origem*, ou seja, a uma distância segura da Grã-Bretanha e de outros países ricos que eram, até recentemente, seus destinos naturais. Na típica novilíngua* da era pós-grande transformação,** o secretário do Interior David Blunkett descreveu o tema da conversa de Blair e Lubbers como "novos desafios para os países desenvolvidos apresentados por aqueles que usavam o sistema de asilo como rota para o Ocidente" (usando essa novilíngua, alguém poderia queixar-se, por exemplo, do desafio apresentado às pessoas estabelecidas pelos marinheiros náufragos que usavam o sistema de salvamento como rota para a terra firme).

Por enquanto, a Europa e seus postos avançados no ultramar (como os Estados Unidos ou a Austrália) parecem estar procurando a resposta para problemas desconhecidos em políticas igualmente desconhecidas poucas vezes implementadas na história da Europa; políticas voltadas para dentro e não para fora, mais centrípetas que centrífugas, mais implosivas que explosivas – tais como fortificações, que se voltam contra os seus criadores; como cercas dotadas de uma rede de máquinas de raio X e câmeras de televisão de circuito fechado; como a alocação de mais agentes nas cabines de imigração, do lado de dentro, e mais guardas de fronteira, do lado de fora; como estreitar as redes de imigração e as leis de naturalização, como manter os refugiados em

---

*Aqui o autor se utiliza do termo criado por George Orwell, no célebre *1984*. (N.E.)
**Em referência ao livro de Karl Polanyi, *A grande transformação*.

campos estritamente vigiados e isolados, e como deter os outros nas proximidades do país, bem antes de alcançarem suas fronteiras e terem uma chance de reivindicar o status de refugiado ou pessoa em busca de asilo. Em suma, vedar seu domínio às multidões que batem a suas portas, enquanto fazem muito pouco, se é que fazem alguma coisa, para aliviar essas pressões eliminando suas causas.

Naomi Klein observou uma tendência cada vez mais forte e generalizada (inaugurada pela União Europeia, mas prontamente seguida pelos Estados Unidos) no sentido de uma "fortaleza regional em múltiplas camadas":

> Um continente-fortaleza é um bloco de nações que unem forças para extrair termos comerciais favoráveis de outros países, enquanto patrulham suas fronteiras externas comuns para manter fora as pessoas desses países. Mas se um continente leva a sério a questão de ser uma fortaleza, também deve convidar um ou dois países pobres para ter acesso a suas fronteiras, pois alguém tem de pegar no pesado e fazer o trabalho sujo.[27]

O Nafta – que amplia o mercado interno norte-americano incorporando o Canadá e o México ("depois do petróleo", assinala Naomi Klein, "a mão de obra imigrante é o combustível que impulsiona a economia do Sudoeste" dos Estados Unidos) – foi complementado em julho de 2001 pelo "Plano Sul", pelo qual o governo mexicano assumiu responsabilidade pelo policiamento maciço de sua fronteira Sul, interrompendo efetivamente a onda de lixo humano empobrecido que fluía para os Estados Unidos a partir de países da América Latina. Desde então, centenas de milhares de migrantes têm sido detidos, encarcerados e deportados pela polícia mexicana antes de atingirem as fronteiras norte-americanas. Quanto à Fortaleza Europa, Naomi Klein sugere que "Polônia, Bulgária, Hungria e República Tcheca são os servos pós-modernos, empregados em fábricas com baixos salários, onde roupas, carros e produtos eletrônicos são produzidos por

20-25% do custo de fabricá-los na Europa Ocidental". Dentro dos continentes-fortalezas se instalou "uma nova hierarquia social" na tentativa de promover a quadratura do círculo, de encontrar um equilíbrio entre postulados gritantemente contraditórios embora igualmente vitais: entre fronteiras hermeticamente fechadas e o fácil acesso à mão de obra barata, sem reivindicações, dócil, pronta a aceitar e fazer o que lhe seja oferecido; entre o livre comércio e o estímulo a sentimentos anti-imigrantes, aquela tênue tábua de salvação a que os governos responsáveis pela claudicante soberania dos Estados-nações estão se agarrando para tentarem resgatar sua legitimidade em processo de rápida desintegração. "Como se manter aberto aos negócios e fechado às pessoas?", pergunta Klein. E responde: "Fácil. Primeiro você expande o perímetro. Depois tranca a porta."

Os fundos que a União Europeia transferiu de muito bom grado e sem regateio para os países da Europa Oriental e Central, antes mesmo de terem sido aceitos como membros do bloco, foram aqueles marcados por uma tecnologia de ponta destinada a tornar suas fronteiras orientais, que em breve se tornariam as da "fortaleza Europa", impenetráveis aos de fora...

Talvez as duas tendências aqui assinaladas sejam simplesmente manifestações correlatas das mesmas preocupações ampliadas, quase obsessivas, com segurança. Talvez ambas possam ser explicadas pela mudança no equilíbrio entre as tendências includente e excludente, perpetuamente presentes, ou talvez sejam fenômenos sem relação entre si, cada qual submetido a sua própria lógica. Mas pode-se demonstrar que, quaisquer que sejam suas causas imediatas, as duas tendências derivam da mesma raiz: *a difusão global do modo de vida moderno que agora atingiu os limites extremos do planeta*, acabando com a divisão entre "centro" e "periferia", ou mais corretamente entre modos de vida "modernos" (ou "desenvolvidos") e "pré-modernos" ("subdesenvolvidos" ou "atrasados") – divisão que acompanhou a maior parte da história moderna, quando a reforma dos modos de vida anteriores foi limitada a um setor do globo relativamente estreito, embora em constante expansão. Enquanto permaneceu relativamente estreito, esse setor pôde usar o diferencial de poder resultante como válvula de segurança para se proteger do superaquecimento, e o resto do planeta como depósito do lixo tóxico de sua própria e contínua modernização.

O planeta, contudo, agora está cheio. Isso significa, entre outras coisas, que processos tipicamente modernos como a construção da ordem e o progresso econômico ocorrem por toda parte – assim como o "lixo humano" é produzido por toda parte, jogado fora em volume crescente; agora, porém, faltam os depósitos "naturais" adequados para sua armazenagem e potencial reciclagem. O processo previsto pela primeira vez um século atrás por Rosa Luxemburgo (embora descrito por ela em termos principalmente econômicos, e não explicitamente sociais) alcançou seu derradeiro limite.

· 3 ·

Estado, democracia e a administração dos medos

Foi principalmente na Europa e seus antigos domínios, braços, ramos e sedimentações ultramarinos (assim como em uns poucos outros "países desenvolvidos" com uma conexão europeia do tipo *Wahlverwandschaft*, e não *Verwandschaft*) que os temores circundantes e as obsessões com segurança tiveram nos últimos anos o desenvolvimento mais espetacular.

Quando examinado separadamente de outras mudanças fundamentais ocorridas nesses "últimos anos", isso parece um mistério. Afinal de contas, como Robert Castel assinala com acerto, em sua incisiva análise das atuais ansiedades alimentadas pela insegurança, "nós – ao menos nos países desenvolvidos – vivemos sem dúvida numa das sociedades mais seguras (*sûres*) que jamais existiram".[1] E, no entanto, ao contrário das "evidências objetivas", é precisamente esse mimado e acarinhado "nós" que, entre todos os povos, se sente mais ameaçado, inseguro e amedrontado, mais inclinado ao pânico e mais apaixonado por tudo que se refira à segurança e proteção do que todos os povos de todas as sociedades de que se tem registro.

Sigmund Freud enfrentou diretamente o quebra-cabeça dos medos aparentemente injustificados e sugeriu que a solução devia ser procurada no firme desafio da psique humana à pura "lógica dos fatos".[2] O sofrimento humano (e da mesma forma o medo de sofrer, a espécie mais inquietante e comprovadamente mais exasperante de sofrimento) provém do "poder superior da natureza, da fragilidade de nossos corpos e da inadequação dos regulamentos que ajustam as relações dos seres humanos na família, no Estado e na sociedade".

Quanto às duas primeiras causas relacionadas por Freud, de uma forma ou de outra conseguimos nos conformar com os limites máximos do que somos capazes de fazer: sabemos que nunca dominaremos plenamente a natureza e que não tornaremos nossos corpos imortais ou imunes ao fluxo inclemente do tempo – e assim, pelo menos nessa área, estamos prontos a aceitar o "segundo melhor". O conhecimento dos limites, contudo, pode ser tão estimulante e energizante quanto deprimente e inabilitante: se não podemos eliminar *todo* sofrimento, podemos eliminar *alguns* e aliviar *alguns outros* – é algo que vale a pena tentar, e continuar sempre tentando. E assim nós tentamos o máximo que conseguimos, e nossas sucessivas tentativas consomem a maior parte de nossa energia e atenção, deixando pouco espaço para a reflexão pesarosa e para a preocupação de que outras melhorias, desejáveis sob outros aspectos, permanecerão definitivamente fora das fronteiras, transformando todas as tentativas de alcançá-las no desperdício de um tempo precioso.

É muito diferente, porém, no caso do terceiro tipo de sofrimento: a miséria com origem genuína ou supostamente *social*. *Tudo* que é feito por seres humanos pode ser refeito *por seres humanos*. Nesse caso, portanto, não aceitamos quaisquer limites à reconstrução da realidade. Rejeitamos a possibilidade de que quaisquer limites possam ser preestabelecidos e fixados para sempre em nossos empreendimentos, de modo a não poderem ser rompidos com a devida determinação e boa vontade: "Não podemos entender por que os regulamentos que elaboramos não deveriam ... ser uma proteção e um benefício para cada um de nós." Todo caso de infelicidade socialmente determinada é, portanto, um desafio, um caso de abuso e um chamado às armas. Se a "proteção realmente disponível" e os benefícios de que desfrutamos estão aquém do ideal, se os relacionamentos ainda não são do nosso gosto, se os regulamentos não são o que deveriam (e, acreditamos, poderiam) ser, tendemos a suspeitar que haja pelo menos uma repreensível escassez de boa vontade, porém com mais frequência presumimos a existência de maquinações hostis, complôs, conspirações, intenções criminosas, um inimigo à nossa porta ou sob nossa cama, um culpado cujo nome e endereço ainda estão por se revelar, que está para ser levado diante da justiça. Premeditação criminosa, em suma.

Castel chega a conclusão semelhante, depois de descobrir que a insegurança moderna não deriva de uma *carência* de proteção, mas sim da "falta de clareza de seu escopo" (*ombre portée*) num universo social que "foi organizado em torno da procura incessante da proteção e da busca frenética por segurança".[3] A experiência pungente e incurável da insegurança é um efeito colateral da convicção de que, dadas as habilidades certas e o esforço adequado, *a segurança total pode ser alcançada* ("pode ser feito", "podemos fazê-lo"). E assim, se isso *não* foi feito, a falha só poderá ser explicada por um ato iníquo com intenção maldosa. Deve haver um vilão nessa história.

Podemos afirmar que a variedade moderna de insegurança é caracterizada distintivamente pelo medo da maleficência e dos malfeitores *humanos*. Ela é desencadeada pela suspeita em relação a outros seres humanos e suas intenções, e pela recusa em confiar na constância e na confiabilidade do companheirismo humano, e deriva, em última instância, de nossa inabilidade e/ou indisposição para tornar esse companheirismo duradouro e seguro, e portanto confiável.

Castel atribui à individualização moderna a responsabilidade por esse estado de coisas; sugere que a sociedade moderna, tendo substituído as comunidades e corporações estreitamente entrelaçadas, que no passado definiam as regras de proteção e monitoravam sua aplicação pelo dever individual do interesse, do esforço pessoal e da autoajuda, tem vivido sobre a areia movediça da contingência. Numa sociedade assim, os sentimentos de insegurança existencial e os temores disseminados de perigos generalizados são, inevitavelmente, endêmicos.

Tal como em relação às outras transformações modernas, a Europa desempenhou um papel pioneiro nesse processo. O continente também foi a primeira região do planeta a confrontar o fenômeno das consequências imprevistas, e em geral perniciosas, da mudança. O enervante senso de insegurança não teria brotado não fosse pela ocorrência simultânea de duas transformações que tiveram lugar na Europa – que só se disseminaram depois, e a uma velocidade variável, para outras partes do planeta. A primeira foi, para usar a terminologia de Castel, a "sobrevalorização" (*survalorisation*)[4] dos indivíduos libertados das restrições impostas pela densa rede de vínculos sociais. Mas uma segunda mudança ocorreu logo em seguida: a fragilidade e vulnerabilidade sem precedentes desses indivíduos, privados da proteção que lhes era oferecida trivialmente no passado por aquela densa rede de vínculos sociais.

Na primeira transformação, os seres humanos, individualmente, viram revelar-se diante de si espaços excitante e sedutoramente amplos, onde as artes recém-descobertas da autoconstituição e do autoaperfeiçoamento poderiam ser experimentadas e praticadas. Mas a segunda transformação impediu a maioria dos indivíduos de entrarem naquele território atraente. Ser um indivíduo *de jure* (por decreto ou graças ao sal da culpa pessoal sendo esfregado nas feridas deixadas pela impotência socialmente induzida) não garantia de maneira alguma a individualidade *de facto*, e muitos careciam dos recursos para empregar os direitos ligados à primeira na luta pela segunda.[5] *Medo de inadequação* é o nome da aflição resultante. Para muitos indivíduos por decreto, se não para todos, a inadequação era uma dura realidade, não uma premonição sombria – mas o *medo* da inadequação se tornou uma doença universal, ou quase. Quer a realidade genuína da inadequação já tivesse sido vivenciada ou, por sorte, mantida até então à distância, seu *espectro* iria assombrar a sociedade inteira o tempo todo.

Desde o começo, o Estado moderno foi, portanto, confrontado com a tarefa assustadora de *administrar o medo*. Precisava tecer uma rede de proteção a partir do zero a fim de substituir a antiga, deixada de lado pela revolução moderna, e prosseguir reparando-a, à medida que a modernização contínua promovida pelo Estado continuava a fragilizá-la e a esticá-la além de sua capacidade. Ao contrário da opinião já amplamente aceita, é a *proteção* (o seguro coletivo contra o infortúnio individual), e não a *redistribuição de riqueza*, que está no cerne do "Estado social" a que o desenvolvimento do Estado moderno inflexivelmente conduziu. Para pessoas privadas de capital econômico, cultural ou social (todos os ativos, de fato, exceto a capacidade de trabalho, que cada um não poderia empregar por si mesmo), "a proteção pode ser coletiva ou nenhuma".[6]

Diferentemente das redes de proteção social do passado pré-moderno, as redes concebidas e administradas pelo Estado foram construídas deliberadamente e de acordo com um plano, ou evoluíram por impulso próprio a partir de outros empreendimentos de construção em larga escala característicos da modernidade em sua fase "sólida". As instituições e dispositivos previdenciários (por vezes chamados de "salários sociais"), os serviços de saúde, escolares e habitacionais dirigidos ou apoiados pelo Estado, assim como as leis de trabalho nas fábricas que estabeleciam direitos e obrigações de todas as partes nos contratos de compra e venda de mão de obra, ao mesmo tempo em que protegiam o bem-estar e os direitos dos empregados, são exemplos da primeira categoria. O modelo mais importante dessa foi a solidariedade interna da fábrica, sindical e ocupacional, que fincou raízes e floresceu "naturalmente" no ambiente relativamente estável da "fábrica fordista", o epítome do ambiente sólido-moderno em que os "carentes de outro capital" se fixavam.

Na fábrica "fordista", o compromisso com o lado oposto nas relações capital-trabalho era recíproco e de longo prazo, tornando ambos os lados mutuamente dependentes – mas ao mesmo tempo habilitando-os a pensar e planejar para o futuro, influenciá-lo e investir nele. A "fábrica fordista" foi, por essa razão, um lugar de conflito amargo, que explodia ocasionalmente em uma hostilidade aberta (já que a perspectiva de compromisso a longo prazo e a dependência mútua de todas as partes tornavam o confronto direto um investimento razoável e um sacrifício compensador), que ferveu e se inflamou, ainda que isso ficasse oculto. E, no entanto, o mesmo tipo de fábrica era também um abrigo seguro para se confiar no futuro, e portanto para a negociação, o compromisso e a busca de um modo consensual de convivência. Com seus percursos de carreira claramente definidos, suas rotinas cansativas mas tranquilizadoramente estáveis, o ritmo lento de mudança na composição das equipes de trabalho, a enorme utilidade das habilidades aprendidas, significando a atribuição de grande valor à experiência de trabalho acumulada, era possível manter os perigos do mercado de trabalho à distância, a incerteza podia ser suavizada, se não inteiramente eliminada, e os medos podiam ser expelidos para o domínio marginal dos "golpes do destino" e dos "acidentes fatais", em vez de saturarem o curso da vida diária. Acima de tudo, os muitos que eram desprovidos de capital, exceto por sua capacidade de trabalhar para outros, podiam contar com a coletividade. A solidariedade transformava sua capacidade de trabalho num capital substituto – e um tipo de capital do qual se esperava, não sem razão, que pudesse contrabalançar o poder combinado de todos os outros.

Reconhecida e admiravelmente, T.H. Marshall tentou, pouco depois de o "Estado do bem-estar social" britânico ter se estabelecido por meio de uma legislação abrangente votada no Parlamento, reconstruir a lógica que conduziu o gradual desenvolvimento do significado dos direitos individuais. Segundo seu relato,[7] o longo processo começou com o sonho da segurança pessoal, seguido por uma extensa luta contra o poder arbitrário de reis e príncipes. O que para estes era o direito divino de fazer e desfazer regras à sua vontade, e portanto, em última instância, seguir seus próprios caprichos e extravagâncias, significava para seus súditos uma existência à mercê da benevolência real, não muito diferente de um destino errático: uma vida de incerteza contínua e incurável, que dependia das formas misteriosas com que mudavam os benefícios concedidos pelo soberano. A graça do rei ou rainha era difícil de obter e mais ainda de manter; era facilmente retirada e impossível de garantir para sempre. Tal incerteza redundava no humilhante sentimento de impotência do povo, o qual não pôde ser mudado até que a conduta dos soberanos reais se tornasse previsível mediante a sujeição a normas jurídicas que os próprios soberanos não tinham permissão e/ou não eram capazes de alterar nem suspender por vontade própria, sem o consentimento dos súditos em questão. Em outras palavras, a segurança pessoal só pôde ser obtida com a introdução de normas impostas a *todos* os participantes do jogo. A universalidade das normas não transformaria todo mundo em vencedor. Tal como antes, haveria jogadores com e sem sorte, perdedores e vencedores. Mas pelo menos as regras do jogo se tornariam explícitas e possíveis de aprender, e não seriam mudadas por capricho em pleno desenrolar da partida. E os vencedores não temeriam o olhar invejoso do rei, já que os frutos de sua vitória de fato lhes pertenceriam para que deles desfrutassem eternamente: tornariam-se sua propriedade inalienável.

Podemos afirmar que a luta pelos direitos pessoais foi estimulada pelo desejo dos afortunados, ou dos que esperavam ganhar da próxima vez, de manterem as dádivas da boa sorte sem a necessidade de um esforço custoso, incômodo e, pior de tudo, duvidoso e eternamente inconcluso de cair nas graças do soberano e manter seus favores.

A demanda por direitos *políticos*, ou seja, por desempenhar um papel significativo na elaboração das leis, foi, segundo Marshall, o ponto seguinte da agenda, o passo lógico a ser dado quando os direitos *pessoais* já tinham sido obtidos e era preciso defendê-los. No entanto, pode-se concluir, do que acabou de ser dito, que os dois conjuntos de direitos, pessoal e político, só puderam ser transformados em objetos de luta, obtidos e tornados seguros *simultaneamente*. Dificilmente seriam alcançados e usufruídos em separado. Parece haver entre ambos uma dependência circular, uma verdadeira relação do tipo "ovo e galinha". A segurança das pessoas e a proteção de suas propriedades são condições indispensáveis para a capacidade de lutar efetivamente pelo direito à participação política, mas não podem se estabelecer de forma definitiva nem serem adotadas com confiança, a menos que a forma das leis impostas a todos tenha se tornado dependente de seus beneficiários.

Não podemos estar seguros de nossos direitos pessoais se não formos capazes de exercer direitos políticos e fizermos essa capacidade pesar no processo de elaboração das leis. E as perspectivas de fazer essa diferença se reduzirão, para dizer o mínimo, a menos que os ativos (econômicos e sociais) controlados pessoalmente e protegidos pelos direitos pessoais sejam suficientemente grandes para serem computados nos cálculos das autoridades constituídas. Como já era óbvio para T.H. Marshall, mas precisou ser, à luz das tendências políticas mais recentes, enfaticamente reafirmado por Paolo Flores d'Arcais, "a pobreza (a antiga e a nova) gera desespero e submissão, suga toda energia na luta pela sobrevivência e coloca a vontade à mercê da promessa vazia e da fraude insidiosa".[8] O entrelaçamento e a interação dos direitos pessoais e políticos são exercidos pelos poderosos – os ricos, e não os pobres, os "*já seguros*, bastando serem deixados em paz", mas não os "que necessitam de ajuda a fim de *se tornarem seguros*". O direito de voto (e, portanto, ao menos em teoria, o direito de influenciar a composição dos governantes e a concepção das normas impostas aos governados) só poderia ser significativamente exercido por aqueles "que possuem recursos econômicos e culturais suficientes" para "se livrarem da servidão voluntária ou involuntária que corta pela raiz qualquer possível autonomia de escolha (e/ou sua delegação)".

Não admira que por muito tempo os promotores da solução eleitoral para o dilema de assegurar os direitos de segurança pessoal mediante o exercício dos direitos políticos "desejassem limitar o sufrágio segundo a renda e a escolaridade". Parecia óbvio, naquela época, que a "liberdade plena" (ou seja, o direito de participar do processo de elaboração das leis) só podia ser usufruída por aqueles que possuíssem a plena "propriedade de suas pessoas"[9] – ou seja, aqueles cuja liberdade pessoal não fosse truncada por proprietários rurais ou por empregadores dos quais dependesse sua subsistência. Por mais de um século após a invenção e a aceitação, entusiástica ou resignada, do projeto de representação política, a extensão do sufrágio a todas as pessoas, e não apenas às "de posses", foi rechaçada com unhas e dentes pelos promotores e advogados desse projeto. Não sem motivo, a perspectiva de tal extensão era vista como um ataque à democracia, e não como seu triunfo (sendo, provavelmente, o pressuposto tácito que aumentava o vigor dessa resistência, o pressentimento de que os "sem posses" não usariam a dádiva da participação política em defesa da segurança das propriedades e da posição social – tipos de direitos pessoais que não interessavam a eles).

Para seguir a sequência lógica/histórica dos direitos de Marshall, podemos dizer que até (e incluindo) o estágio dos direitos políticos, a democracia é uma aventura seletiva e estritamente limitada; que o *demos* (povo) da "democracia" que deveria deter o *kratos* (poder) sobre a criação e alteração das leis é confinado nesse estágio a uns poucos privilegiados, ao mesmo tempo em que exclui, não apenas da prática, mas também da letra da lei, uma ampla maioria do povo ao qual se pretendia que as leis politicamente formuladas do país fossem impostas.

Com efeito, como John Searle recentemente nos lembrou, o registro dos direitos "dados por Deus", ou seja, os direitos inalienáveis estabelecidos pelos Pais Fundadores da democracia americana, "não incluía direitos iguais para as mulheres nem o direito de votar ou o direito à propriedade – nem mesmo abolição da escravatura".[10] E Searle não considera que essa característica da democracia (de ser um privilégio que deveria ser atribuído de modo cauteloso e parcimonioso) seja algo temporário, transitório e agora deixado para trás. Por exemplo, "sempre haverá opiniões que muitas pessoas, em verdade a maioria, considerarão revoltantes", e assim as probabilidades são contra a concessão da liberdade de discurso que os direitos políticos devem garantir a todos os cidadãos. Mas devemos acrescentar uma ressalva ainda mais essencial: se os direitos políticos podem ser usados para enraizar e solidificar as liberdades pessoais assentadas no poder econômico, dificilmente garantirão liberdades pessoais aos *despossuídos*, que não têm direito aos recursos sem os quais a liberdade pessoal não pode ser obtida nem, na prática, desfrutada.

Encontramos aqui um tipo de círculo vicioso: um grande número de pessoas tem apenas poucas posses ou aquisições – se é que alguma – dignas de uma defesa corajosa, e assim, na opinião dos ricos, elas não precisam nem deveriam ser dotadas dos direitos políticos que devem servir a esse propósito. Porém, uma vez que tais pessoas não são, por esse motivo, admitidas no seleto grupo do eleitorado (e ao longo da história da democracia moderna forças poderosas têm lutado para tornar essa recusa permanente), elas terão poucas chances de obter os recursos materiais e culturais que as tornariam aptas a serem premiadas com os direitos políticos. Deixada à sua própria lógica de desenvolvimento, a "democracia" poderia continuar sendo não apenas na prática, mas também de modo formal e explícito, um assunto essencialmente elitista. Mas, como Paolo Flores d'Arcais adequadamente observa, havia não uma, mas duas soluções possíveis para esse dilema: "Fosse limitando de fato o sufrágio aos que já possuíam tais recursos ou 'revolucionando' progressivamente a sociedade de maneira a transformar esses privilégios – riqueza e cultura – em direitos garantidos para todos."

Foi a segunda solução que inspirou o projeto de Estado do bem-estar social de lorde Beveridge, a encarnação mais abrangente da ideia de T.H. Marshall de direitos *sociais* – o terceiro elemento na cadeia de direitos, sem o qual o projeto democrático tende a se interromper antes da conclusão. "Um vigoroso programa de bem-estar social", como d'Arcais resume seu argumento mais de meio século depois de Beveridge, "deve ser parte integrante, e *constitucionalmente* protegida, de todo projeto democrático." Sem direitos políticos, as pessoas não podem ter confiança em seus direitos pessoais; mas sem direitos *sociais*, os direitos *políticos* continuarão sendo um sonho inatingível, uma ficção inútil ou uma piada cruel para grande parte daqueles a quem eles foram concedidos pela letra da lei. Se os direitos sociais não forem assegurados, os pobres e indolentes não poderão exercer os direitos políticos que formalmente possuem. E, assim, os pobres terão apenas as garantias que o governo julgue necessário conceder-lhes, e que sejam aceitáveis para aqueles dotados da verdadeira musculatura política para ganhar e se manter no poder. Enquanto permanecerem desprovidos de recursos, os pobres podem esperar no máximo serem recebedores de transferências, não sujeitos de direitos.

Lorde Beveridge estava certo em acreditar que essa visão do seguro abrangente, coletivamente endossado para todos, era a consequência inevitável da ideia liberal, assim como condição indispensável para uma democracia liberal plena. A declaração de guerra ao medo de Franklin Delano Roosevelt baseou-se num pressuposto semelhante.

A liberdade de escolha é acompanhada de imensos e incontáveis riscos de fracasso. Muitas pessoas podem considerá-los insustentáveis, descobrindo ou suspeitando que eles possam exceder sua capacidade pessoal de enfrentá-los. Para a maior parte das pessoas, a liberdade de escolha continuará sendo um espectro impalpável e um sonho infundado, a menos que o medo da derrota seja mitigado por uma política de seguro lançada em nome da comunidade, na qual possam confiar e com a qual possam contar em caso de infortúnio. Enquanto continuar sendo um espectro, a dor da desesperança será superada pela humilhação do infortúnio; a capacidade de enfrentar os desafios da vida, diariamente testada, é afinal a própria oficina em que a autoconfiança é forjada ou fundida.

Sem um seguro endossado coletivamente, os pobres e indolentes (e, de modo mais geral, os fracos que se equilibram à beira da exclusão) não têm estímulo para o engajamento político –

tampouco para a participação no jogo democrático das eleições. É improvável que algum tipo de salvação venha de um Estado político que não é, e se recusa a ser, um Estado social também. Sem direitos sociais para todos, um grande – e provavelmente crescente – número de pessoas irá considerar seus direitos políticos inúteis e indignos de atenção. Se os direitos políticos são necessários para se estabelecerem os direitos sociais, os direitos *sociais* são indispensáveis para manter os direitos *políticos* em operação. Os dois tipos de direitos precisam um do outro para sobreviver; essa sobrevivência só pode ser sua realização *conjunta*.

Os registros históricos mostram que a cada ampliação do sufrágio as sociedades deram um passo além na direção de um Estado social abrangente – "completo" –, embora esse destino final não fosse visualizado antecipadamente e fossem necessários muitos anos e várias leis do Parlamento, vivamente contestadas e no entanto cada vez mais ambiciosas, para que seus contornos se tornassem visíveis. À medida que mais categorias da população ganhavam direitos eleitorais, o "eleitor médio", para cuja satisfação os partidos políticos se orientavam a fim de vencerem, ia persistentemente se mudando para as áreas relativamente mais desfavorecidas do espectro social. Em certo ponto – inevitavelmente, embora de modo bastante inesperado –, ocorreu uma transformação fundamental: foi cruzada a linha divisória entre os que buscavam os direitos políticos para assegurar que os direitos pessoais de que *já desfrutavam* não fossem suprimidos ou remendados, e os que precisavam de direitos políticos para *obterem* os direitos pessoais que ainda não tinham, aqueles que, se obtivessem os direitos *pessoais* (ou, nesse sentido, *políticos*) desacompanhados dos direitos *sociais*, iriam achá-los impraticáveis.

Nesse ponto, os interesses do jogo político passaram por uma transformação que representou, verdadeiramente, um divisor de águas. Da tarefa de *ajustar* as instituições e procedimentos políticos às realidades sociais já existentes, a democracia moderna passou a ter a função de usar as instituições e os processos políticos para *reformar* as realidades sociais. Em outras palavras, passou da tarefa de *conservar* o equilíbrio das forças sociais para a de *transformá-lo*. Paradoxalmente, enfrentou o encargo de modificar a sequência até então seguida: o efeito de cruzar o portal era uma tarefa estranha, e até então não enfrentada, de modo a usar os direitos políticos para *criar* e garantir os direitos pessoais em vez de somente *confirmá-los* e consolidá-los. Em vez de surgir, a partir de uma "sociedade civil" já formada, ansiando por um escudo político, o corpo político em sua nova forma de "Estado social" enfrentou a tarefa de estabelecer os alicerces da sociedade civil ou ampliá-los para acomodar as parcelas da sociedade que até então estivera ausente.

Os medos especificamente modernos nasceram na primeira rodada da desregulamentação-com-individualização, no momento em que os vínculos inter-humanos de parentesco e vizinhança, estreitamente atados por laços comunitários ou empresariais, aparentemente eternos, mas de qualquer modo sobrevivendo desde tempos imemoriais, tinham sido afrouxados ou rompidos. O modo sólido-moderno de administração do medo tendia a substituir os vínculos "naturais" irreparavelmente danificados por seus equivalentes artificiais na forma de associações, sindicatos e coletividades de tempo parcial, embora quase permanentes, unificadas por interesses compartilhados e rotinas diárias. A *solidariedade* estava para triunfar sobre a *pertença* como o principal escudo contra um destino cada vez mais perigoso.

A desintegração da solidariedade significou o fim da maneira sólido-moderna de administrar o medo. Era chegada a vez de as proteções modernas, artificiais e administradas serem afrouxadas, desmontadas ou removidas. A Europa, a primeira região do planeta a passar pela retificação moderna e a percorrer todo o espectro de suas sequelas, está agora atravessando, de modo muito semelhante aos Estados Unidos, uma "desregulamentação-com-individualização do tipo 2" – embora desta vez não o faça por escolha própria, mas sucumbindo à pressão de forças globais que não controla mais nem espera refrear.

Essa segunda desregulamentação não foi seguida, contudo, de novas formas sociais de administração do medo. A tarefa de enfrentar os temores decorrentes das novas incertezas tem sido, da mesma forma que os próprios medos, desregulamentada e "terceirizada", ou seja, deixada aos esforços e iniciativas locais, e em grande parte privatizada – transferida, em larga medida, para a esfera da "política de vida", ou seja, deixada amplamente aos cuidados, engenhosidade e astúcia de indivíduos, assim como aos mercados, que não aceitam e eficazmente rejeitam todas as formas de interferência comunal (política), para não falar de controle.

Uma vez que a competição substitui a solidariedade, os indivíduos se veem abandonados aos seus próprios recursos – lamentavelmente escassos e evidentemente inadequados. A dilapidação e decomposição dos vínculos coletivos fizeram deles, sem pedir seu consentimento, indivíduos *de direito*, embora o que aprendam nas atividades de suas vidas seja que verdadeiramente tudo no atual estado de coisas milita contra sua ascensão ao modelo postulado de indivíduos *de facto*. Uma brecha ampla (e, ao que podemos ver, crescente) separa a quantidade e a qualidade dos recursos que seriam necessários para a produção efetiva da segurança e da liberdade em relação ao medo, do tipo faça-você-mesmo, mas ainda assim confiáveis e fidedignas, da soma total das matérias-primas, ferramentas e habilidades que a maioria dos indivíduos pode razoavelmente esperar vir a adquirir e manter.

Robert Castel assinala o retorno das *classes perigosas*.[11] Observemos, porém, que a semelhança entre suas duas encarnações é, na melhor das hipóteses, parcial.

As "classes perigosas" originais eram constituídas do excedente populacional temporariamente excluído e ainda não reintegrado que o progresso econômico acelerado havia privado de uma "função útil", enquanto a pulverização acelerada das redes de vínculos os havia destituído de proteção. Mas a expectativa era de que, no devido curso, eles seriam reintegrados, seu ressentimento se dissiparia e seus interesses na "ordem social" seriam restaurados. As novas "classes perigosas", por outro lado, são aquelas reconhecidas como *inadequadas* à reintegração e proclamadas inassimiláveis, já que não se pode conceber uma função útil que sejam capazes de exercer após a "reabilitação". Não são apenas excessivas, mas *excedentes*. Estão excluídas *permanentemente* – um dos poucos casos de "permanência" que a modernidade líquida não apenas permite, mas promove ativamente. Em vez de ser percebida como o resultado da má sorte momentânea e reparável, a exclusão atual exala um ar final. Com mais frequência ainda, a exclusão tende hoje a ser uma rua de mão única (e a ser percebida como tal). Uma vez queimadas, é improvável que as pontes venham a ser reconstruídas. A *irrevogabilidade* de sua expulsão e fragilidade das chances de apelar do veredicto é que transformam os excluídos contemporâneos em "classes perigosas".

A irrevogabilidade da exclusão é uma consequência direta, embora imprevista, da decomposição do Estado social – como uma rede de instituições estabelecidas, mas talvez mais significativamente como um ideal e um projeto segundo os quais as realidades são avaliadas e as ações, estimuladas. A degradação do ideal e o definhamento e declínio do projeto pressagiam, afinal, o desaparecimento das oportunidades de redenção e a retirada do direito de apelação, e assim também a gradual dissipação da esperança e a redução da vontade de resistir. Em vez de ser a condição de estar "*des*empregado" (termo que implica um afastamento da norma que é "estar *empregado*", uma aflição temporária que pode e deve ser curada), estar sem emprego parece cada vez mais um estado de "redundância" – ser rejeitado, rotulado de supérfluo, inútil, não empregável e destinado a permanecer "economicamente *in*ativo". Estar sem emprego implica ser descartável, talvez até ser descartado de uma vez por todas, destinado ao lixo do "progresso econômico" – essa mudança que se reduz, em última instância, a fazer o mesmo trabalho e obter os mesmos resultados econômicos, porém como uma força de trabalho mais reduzida e com "custos de mão de obra" menores que antes.

Apenas uma linha tênue separa hoje os desempregados, e especialmente os que estão nessa condição há muito tempo, de uma queda no buraco negro da "subclasse": homens e mulheres que não se encaixam em nenhuma divisão social legítima, indivíduos deixados fora das classes e que não são portadores de nenhuma das funções reconhecidas, aprovadas, úteis e indispensáveis que os membros "normais" da sociedade executam. Pessoas que nada acrescentam à vida da sociedade, a não ser o que esta poderia fazer muito bem sem elas e de fato ganharia por se livrar delas.

Não menos tênue é a linha que separa os "excedentes" dos criminosos: a "subclasse" e os "criminosos" são apenas duas subcategorias de excluídos, "socialmente desajustados" ou até "elementos antissociais", que se diferenciam entre si mais pela classificação oficial e pelo tratamento que recebem do que por sua própria atitude e conduta. Tal como as pessoas sem emprego, os criminosos (ou seja, aqueles destinados à prisão, acusados e aguardando julgamento, sob supervisão da polícia ou simplesmente com ficha na polícia) não são mais vistos como temporariamente expulsos da vida social normal e destinados a serem "reeducados", "reabilitados" e "reenviados à comunidade" na primeira oportunidade – mas como permanentemente marginalizados, inadequados para a "reciclagem social" e designados a serem mantidos permanentemente fora, longe da comunidade dos cidadãos cumpridores da lei.

· **4** ·

Fora de alcance juntos

Áreas habitadas são descritas como "urbanas" e chamadas de "cidades" se forem caracterizadas por uma densidade relativamente alta em termos de população, interação e comunicação. Hoje, elas também podem ser os lugares em que inseguranças socialmente concebidas e incubadas são confrontadas de uma forma altamente condensada e, portanto, particularmente tangível. Também é nos lugares ditos "urbanos" que a elevada densidade da interação humana coincidiu com a tendência de o medo nascido da insegurança buscar e encontrar escoadouros e objetos sobre o qual se possa descarregar – embora essa tendência nem sempre tenha sido a característica distintiva desses lugares.

Como assinala Nan Ellin, uma das pesquisadoras mais afiadas e uma das analistas mais argutas das tendências urbanas contemporâneas, proteger-se do perigo era "um dos principais incentivos à construção de cidades cujas divisas eram muitas vezes definidas por amplas muralhas ou cercas, das antigas aldeias da Mesopotâmia às cidades medievais e aos assentamentos dos nativos americanos".[1] Muralhas, fossos e paliçadas assinalavam a divisa entre "nós" e "eles", ordem e selvageria, paz e guerra: inimigos eram aqueles deixados do outro lado da cerca e que não tinham permissão de atravessá-la. "De lugar relativamente seguro", contudo, a cidade tem sido associada, principalmente nos últimos cento e poucos anos, "mais ao perigo que à proteção".

Hoje, numa curiosa mudança de seu papel histórico e em desafio às intenções originais de seus construtores e às expectativas de seus moradores, nossas cidades se transformam rapidamente de abrigos contra o perigo em principal fonte desse mesmo perigo. Diken e Laustsen chegam a sugerir que o vínculo milenar "entre civilização e barbárie está invertido. A vida nas cidades se transforma num estado da natureza caracterizado pelo domínio do terror, acompanhado pelo medo onipresente."[2]

Podemos dizer que agora as fontes do perigo se mudaram quase totalmente para áreas urbanas e lá se estabeleceram. Amigos – mas também inimigos, e acima de tudo os esquivos e misteriosos estrangeiros que vagueiam ameaçadoramente entre os dois extremos – agora se misturam e caminham lado a lado nas ruas das cidades. A guerra contra a insegurança, e particularmente contra os perigos e os riscos à segurança pessoal, agora é travada *dentro* da cidade, onde se estabelecem os campos de batalha urbanos e se traçam as linhas de frente. Trincheiras fortemente armadas (acessos intransponíveis) e bunkers (prédios ou complexos fortificados e rigorosamente vigiados) destinados a separar, manter a distância e impedir a entrada de estranhos estão se tornando rapidamente um dos aspectos mais visíveis das cidades contemporâneas – embora assumam muitas formas, e ainda que seus idealizadores façam o possível para misturar suas criações à paisagem da cidade, "normalizando" desse modo o estado de emergência em que seus moradores, viciados em proteção, mas sempre pouco seguros em relação a ela, vivem seu dia a dia.

"Quanto mais nos afastamos de nossa vizinhança imediata, mais contamos com a vigilância daquele ambiente ... Os lares de muitas áreas urbanas de todo o mundo agora existem para proteger seus habitantes, não para integrar as pessoas com suas comunidades", observam Gumpert e Drucker.[3] Separar e manter distância se tornam a estratégia mais comum na luta urbana atual pela sobrevivência. O *continuum* ao longo do qual se assinalam os resultados dessa luta se estende entre os polos dos guetos urbanos voluntários e involuntários. Os moradores sem meios, e por isso vistos pelos outros como ameaças potenciais à sua segurança, tendem a ser forçados a se afastar das partes mais benignas e agradáveis da cidade e amontoados em distritos separados, semelhantes a guetos. Os moradores com recursos compram casas em áreas separadas por eles escolhidas, também parecidas com guetos, e impedem todos os outros de se fixarem nelas. Além disso, fazem o possível para desligar o mundo onde vivem daqueles dos demais habitantes das cidades. Cada vez mais seus guetos voluntários se transformam em guarnições ou postos avançados da extraterritorialidade.

"Quando os moradores estendem seus espaços de comunicação para a esfera internacional, muitas vezes afastam simultaneamente os seus lares da vida pública por meio de infraestruturas de segurança cada vez mais 'inteligentes'", comentam Graham e Marvin.[4]

> Na prática, todas as cidades do mundo estão começando a apresentar espaços e zonas fortemente conectados a outros espaços 'valorizados' através da paisagem urbana, assim como através das distâncias nacionais, internacionais e até mesmo globais. Ao mesmo tempo, porém, há frequentemente nesses lugares um senso palpável e crescente de desconexão local em relação a lugares e pessoas fisicamente próximos, mas social e economicamente distantes.[5]

Os refugos da nova extraterritorialidade física dos espaços urbanos privilegiados, habitados e usados pela elite global – o tipo de "exílio interno" da elite alcançado, manifestado e sustentado por meio da "conectividade virtual" –, são os espaços desconectados e abandonados; os "bairros fantasmas", como foram chamados por Michael Schwarzer, lugares em que "os sonhos foram substituídos por pesadelos e o perigo e a violência são mais comuns do que em outras partes".[6] Se as distâncias são propositalmente mantidas intransponíveis, de maneira a afastar o perigo de vazamento e a contaminação da pureza regional, uma política de tolerância zero vem a calhar, juntamente com a retirada dos sem-teto dos espaços onde podem ganhar a vida, mas onde também se tornam visíveis de forma perturbadora e intimidante, para espaços longínquos em que perdem essas características. "Gatunos", "espreitadores", "vagabundos", "pedintes inconvenientes", "viajantes" e outros tipos de invasores se tornaram os personagens mais sinistros dos pesadelos das elites.

Como foi sugerido pela primeira vez por Manuel Castells, há uma crescente polarização e uma distância cada vez maior entre os mundos das duas categorias em que se dividem os habitantes da cidade:

> O espaço da camada superior geralmente está conectado à comunicação global e a uma vasta rede de intercâmbio, aberta a mensagens e experiências que envolvem o mundo inteiro. Na outra extremidade do espectro, redes locais segmentadas, frequentemente de base étnica, recorrem a sua identidade como o recurso mais valioso para defender seus interesses e, em última instância, sua existência.[7]

O quadro que emerge dessa descrição é o de dois mundos segregados e separados. Só o segundo deles é territorialmente circunscrito e pode ser capturado na rede composta de noções ortodoxas de caráter topográfico, mundano e "prático". Os que moram no primeiro dos dois mundos distintos podem estar, tal como os outros, presentes "*no* lugar", mas não são "*daquele* lugar" – decerto não espiritualmente, mas também, com muita frequência, não importa quanto desejem, não fisicamente.

As pessoas da "camada superior" não pertencem ao lugar que habitam, pois suas preocupações estão (ou melhor, flutuam e navegam à deriva) em outro lugar. Pode-se imaginar que, além de ficarem sozinhas, e portanto livres para se dedicarem totalmente a seus passatempos, e terem os serviços indispensáveis a seu conforto diário assegurados (como quer que seja definido), elas não têm outros interesses investidos na cidade em que se localizam suas residências. A população da cidade não é sua área de pastagem, a fonte de sua riqueza e, portanto, também uma ala sob sua guarda, cuidado e responsabilidade, como costumava ser para as elites urbanas de outrora, os donos de fábricas ou os mercadores de bens de consumo e de ideias. Em conjunto, as atuais elites urbanas são *despreocupadas* em relação aos assuntos de "sua" cidade, que vem a ser apenas uma localidade entre outras, todas elas sendo pequenas e insignificantes do ponto de vista do ciberespaço – seu lar verdadeiro, ainda que virtual. Pelo menos não precisam preocupar-se, e aparentemente nada os pode obrigar a se preocuparem, se resolverem não fazê-lo.

O mundo em que vive a outra camada de moradores da cidade, a camada "inferior", é o exato oposto da primeira. Em agudo contraste com o estrato superior, caracteriza-se por ter sido cortado da rede mundial de comunicação à qual as pessoas da "camada superior" estão conectadas e à qual estão sintonizadas suas vidas. Os cidadãos urbanos da camada inferior são "condenados a permanecerem locais" – e portanto se pode e deve esperar que suas atenções e preocupações, juntamente com seus descontentamentos, sonhos e esperanças, se concentrem nos "assuntos locais". Para eles, é *dentro* da cidade que habitam que a batalha pela sobrevivência, e por um lugar decente no mundo, é lançada, travada e por vezes vencida, mas na maioria das vezes perdida.

A respeito de São Paulo, a maior cidade brasileira, alvoroçada e em rápida expansão, Teresa Caldeira escreveu:

> São Paulo é hoje uma cidade de muros. Barreiras físicas cercam espaços públicos e privados: casas, prédios, parques, praças, complexos empresariais e escolas ... Uma nova estética da segurança modela todos os tipos de construções e impõe uma nova lógica da vigilância e da distância ...[8]

Qualquer um que tenha condição adquire uma residência num "condomínio", planejado para ser uma habitação isolada, fisicamente dentro da cidade, mas social e espiritualmente fora dela. "As comunidades fechadas são criadas para serem mundos separados. Seus anúncios propõem um 'modo de vida completo' que representaria uma alternativa à qualidade de vida oferecida pela cidade e pelo seu espaço público deteriorado." O traço mais proeminente do condomínio é seu "isolamento e distância da cidade ... Isolamento significa a separação daqueles considerados socialmente inferiores" e, como insistem os construtores e agentes imobiliários, "o fator-chave para garantir isso é a segurança. Isso quer dizer cercas e muros ao redor do condomínio, guardas de serviço 24 horas por dia controlando as entradas e um conjunto de instalações e serviços ... para manter os outros do lado de fora".

Como todos nós sabemos, as cercas têm dois lados... Elas dividem em "dentro" e "fora" um espaço que seria uniforme – mas o que está "dentro" para as pessoas de um lado da cerca está "fora" para as do outro lado. Os moradores dos condomínios se cercam "fora" da vida da cidade, desconcertante, confusa, vagamente ameaçadora, tumultuada e difícil, e "dentro" de um oásis de calma e proteção. Além disso, cercam todos os outros fora dos lugares decentes e seguros cujos padrões estão preparados e determinados a manter e defender com unhas e dentes, e nas mesmíssimas ruas miseráveis e esquálidas de que tentam, sem economizar despesas, escapar. A cerca separa o "gueto voluntário" dos ricos e poderosos dos muitos guetos forçados dos pobres e excluídos. Para os integrantes do gueto voluntário, os outros guetos são espaços aos quais "nós não vamos". Para integrantes dos guetos involuntários, a área na qual estão confinados (por serem excluídos de outras) é o espaço "do qual não temos permissão de sair".

Permitam-me retornar ao ponto em que nossa análise teve início: originalmente construídas para fornecer proteção a todos os seus habitantes, as cidades hoje se associam com mais frequência ao perigo do que à segurança. Para citar mais uma vez Nan Ellin: "O fator medo [na construção e reconstrução das cidades] certamente aumentou, como é indicado pelo crescimento dos sistemas de tranca de carros, de portas das casas e de segurança, pela popularidade das comunidades 'fechadas' e 'seguras' para todas as idades e faixas de renda, e pela crescente vigilância dos espaços públicos, para não mencionar as infindáveis notícias de perigo divulgadas pelos meios de comunicação de massa."[9]

As ameaças reais ou supostas ao corpo e à propriedade do indivíduo estão se tornando rapidamente considerações importantes quando se avaliam os méritos ou as desvantagens de um lugar para viver. Elas também ganharam a posição mais elevada na política de marketing imobiliário. A incerteza do futuro, a fragilidade da posição social e a insegurança existencial – essas circunstâncias ubíquas da vida no mundo "líquido-moderno", notoriamente enraizadas em lugares remotos e, portanto, situadas além do controle individual – tendem a se concentrar nos alvos mais próximos e a se canalizar para as preocupações com a proteção pessoal; os tipos de preocupações que, por sua vez, se transformam em impulsos segregacionistas/exclusivistas, conduzindo inexoravelmente a guerras no espaço urbano.

Como podemos aprender com o sensível estudo de Steven Flusty, um aguçado crítico arquitetônico/urbanístico, servir a essa guerra, e particularmente planejar maneiras de impedir o acesso de atuais, potenciais e supostos criminosos aos espaços reivindicados, mantendo-os a uma distância segura, constitui agora a preocupação que se expande com maior rapidez entre os inovadores arquitetônicos e os planejadores urbanos das cidades norte-americanas.[10] Os novos produtos urbanísticos, anunciados com maior orgulho e mais amplamente imitados, são os "espaços interditados", "destinados a interceptar, repelir ou filtrar os usuários potenciais". Explicitamente, o propósito dos "espaços interditados" é dividir, segregar e excluir – não construir pontes, passagens acessíveis e locais de encontro, facilitar a comunicação e agregar de outras formas os moradores da cidade.

As invenções arquitetônicas/urbanísticas relacionadas por Flusty são os equivalentes tecnicamente atualizados dos fossos, torreões e troneiras das muralhas das cidades. Mas em vez de defender a cidade e todos os seus habitantes contra o inimigo externo, são erigidos para separar os vários tipos de habitantes urbanos e mantê-los distantes entre si (e longe das desordens) – e para defender alguns deles de outros, uma vez que foram lançados à condição de adversários pelo próprio ato do isolamento espacial. Entre as variedades de "espaços interditados" relacionadas por Flusty, há o "espaço traiçoeiro", aquele "que não pode ser alcançado devido a acessos contorcidos, demorados ou inexistentes"; o "espaço espinhoso", "que não pode ser confortavelmente ocupado, já que é defendido por detalhes como aspersores instalados nos muros e ativados para afastar vagabundos, ou saliências espalhadas para inibir o ato de sentar"; ou o "espaço apavorado", "que não pode ser utilizado despercebidamente graças ao monitoramento ativo por patrulhas móveis e/ou tecnologias de controle remoto que alimentam postos de segurança". Esses e outros tipos de "espaços interditados" têm um único – embora complexo – propósito: isolar os enclaves extraterritoriais do espaço urbano contíguo. Em outras palavras, erigir pequenas e compactas fortalezas dentro das quais os membros da elite global supraterritorial podem tratar, cultivar e saborear sua indepedência e seu isolamento corporal, além de espiritual, em relação à localidade. Na paisagem da cidade, os "espaços interditados" se tornaram marcos da *desintegração* da vida comunal estabelecida localmente e compartilhada.

Pode-se afirmar que, entre as transformações sociais, culturais e políticas associadas à passagem do estágio "sólido" para o estágio "líquido" da modernidade, o afastamento da nova elite (localmente estabelecida, mas globalmente orientada e apenas ligada de forma distante ao lugar em que se instalou) de seu antigo compromisso com a população local e a resultante brecha espiritual/comunicacional entre os espaços em que vivem e viveram os que se separaram e os que foram deixados para trás são as mais fundamentais.

Há muita verdade, e nada além de verdade, no quadro de separação mútua esboçado acima. Mas não toda a verdade.

Entre as partes da verdade que estão ausentes ou cuja importância foi diminuída, a mais significativa diz respeito (mais que qualquer dos outros aspectos mais notórios) à característica comprovadamente mais vital (e provavelmente, a longo prazo, de mais amplas consequências) da vida urbana contemporânea, ou seja, a íntima interação entre as pressões globalizantes e o modo como as identidades locais urbanas são negociadas, formadas e reformadas.

Ao contrário do que sugere, em última instância, a opção da "camada superior" de separar-se/isolar-se, seria um erro visualizar os aspectos "globais" e "locais" das condições existenciais e da vida política contemporâneas, como se residissem em dois espaços distintos e hermeticamente fechados que só se comunicam de modo marginal e ocasional. Em seu estudo recentemente publicado, Michael Peter Smith faz objeções à opinião (a seu ver sugerida, por exemplo, por David Harvey ou John Friedman)[11] que opõe a "lógica dinâmica, mas sem localização fixa, dos fluxos econômicos globais" a "uma imagem estática do lugar e da cultura local", agora "valorizados" como o "lugar existencial ... de estar no mundo".[12] Na opinião do próprio Smith, "longe de refletir uma ontologia estática do 'ser' ou da 'comunidade', as localidades são construções dinâmicas 'em formação'".

Com efeito, é só no etéreo mundo da teoria que se pode traçar com facilidade a linha divisória entre o espaço abstrato, "algures em nenhures", dos operadores globais e o espaço-ao-alcance concreto e tangível, eminentemente "aqui e agora", dos "habitantes locais". As realidades da vida urbana certamente destroem essas divisões nítidas. Traçar fronteiras no espaço vivido é uma questão de disputa contínua e um risco nas batalhas travadas em numerosas frentes entrecruzadas. Todos os traçados dessa linha são provisórios e temporários, sob ameaça de serem refeitos ou anulados, e por isso fornecem um escoadouro natural para o amplo espectro das ansiedades nascidas de uma vida insegura. O único efeito duradouro dos esforços contínuos, porém inúteis, para fortificar e estabilizar as fronteiras irritantemente instáveis é a reciclagem dos medos difusos em preconceitos direcionados, antagonismos entre grupos, confrontos ocasionais e hostilidades em perpétua ebulição. Além disso, ninguém em nosso mundo que se globaliza com rapidez pode proclamar com honestidade que é pura e simplesmente um "operador global". O máximo que os membros da elite *globe-trotter* globalmente influente podem conseguir é um escopo mais amplo para sua mobilidade.

Se as coisas esquentam além do confortável e o espaço em torno de suas residências urbanas se mostra demasiado perigoso e difícil de administrar, eles se mudam para outro lugar – têm uma opção indisponível ao restante de sua vizinhança (fisicamente) imediata. A opção de encontrar uma alternativa mais agradável aos desconfortos locais lhes proporciona um grau de independência com o qual os outros habitantes da cidade só podem sonhar, assim como o luxo de uma indiferença arrogante que os outros não se podem permitir. Seu interesse e compromisso em "pôr em ordem os assuntos da cidade" tende a ser consideravelmente menos abrangente e incondicional que no caso daqueles que têm menos liberdade de romper unilateralmente o vínculo local.

Tudo isso não significa, contudo, que em sua luta por "significado e identidade", de que precisam e anseiam de modo não menos intenso que os outros, os membros da elite globalmente conectada possam desconsiderar o lugar em que (ainda que temporariamente e "até segunda ordem") vivem e moram. Como todos os outros homens e mulheres, eles não podem deixar de ser uma parte da paisagem urbana, e suas buscas existenciais se inscrevem forçosamente na localidade. Como operadores globais, podem vagar pelo ciberespaço; mas como agentes humanos, estão confinados, dia após dia, ao espaço físico em que operam, ao ambiente preestabelecido e continuamente reprocessado no curso das lutas dos seres humanos por significado, identidade e reconhecimento. É em torno de *lugares* que os seres humanos experimentam as tendências a serem formadas e coligidas, que tentam administrar a vida que compartilham, que os significados desta são concebidos, absorvidos e negociados. E é *nos* lugares que os impulsos e desejos humanos são gerados e incubados, que eles vivem na esperança de realização e correm o risco da frustração – e de fato são, com extrema frequência, frustrados e sufocados.

As cidades contemporâneas são, por esse motivo, os estágios ou campos de batalha em que os poderes globais e os significados e identidades teimosamente locais se encontram, se chocam, lutam e buscam um acordo satisfatório, ou apenas tolerável – um modo de convivência que, se espera, seja uma paz duradoura, mas que a regra mostra ser apenas um armistício; breves intervalos para consertar defesas rompidas e redistribuir unidades de combate. É esse confronto, e não qualquer fator isolado, que põe em movimento e orienta a dinâmica da cidade "líquido-moderna".

E que não haja equívoco: essa cidade pode ser *qualquer* uma, ainda que não no mesmo grau. Em sua recente viagem a Copenhague, Michael Peter Smith se lembra de, numa caminhada de apenas uma hora, ter "passado por pequenos grupos de imigrantes turcos, africanos e do Oriente Médio", observado "várias mulheres árabes com e sem véu", lido "anúncios em diversas línguas não europeias" e tido "conversas interessantes com um *barman* irlandês, num *pub* inglês, em frente ao Tivoli Garden".[13] Essas experiências em campo se mostraram valiosas, diz Smith, na palestra sobre conexões internacionais que ele proferiu depois em Copenhague, na mesma semana, "quando um participante insistiu que o transnacionalismo era um fenômeno que poderia aplicar-se a 'cidades globais' como Nova York ou Londres, mas tinha pouca relevância em locais mais isolados como Copenhague".

Os verdadeiros poderes que modelam as condições sob as quais agimos atualmente fluem num espaço *global*, enquanto nossas instituições de ação política permanecem amplamente presas ao solo – elas são, tal como antes, *locais*.

As agências políticas que operam no espaço urbano – porque são agora, e tendem a continuar sendo num futuro previsível, principalmente locais –, no palco em que o drama da política é encenado diariamente, tendem a ser fatalmente afligidas por uma grave insuficiência de poder de ação, particularmente do tipo de poder que lhes permitiria atuar com eficácia de maneira soberana. O lado reverso da relativa perda de poder da política local é a ausência da política no ciberespaço extraterritorial, esse *playground* do verdadeiro poder.

Um dos mais surpreendentes paradoxos revelados em nossa época é que, num planeta que se *globaliza* rapidamente, a política tende a ser apaixonada e constrangedoramente *local*. Expulsa do ciberespaço, ou talvez jamais admitida nele, e com o acesso ainda impedido, ela recai e se reflete sobre assuntos "que estão ao alcance": sobre temas locais e relações de vizinhança. Para a maioria de nós e na maior parte do tempo, os temas locais parecem ser *os únicos* "a respeito dos quais podemos fazer alguma coisa" – influenciar, corrigir, melhorar, redirecionar. É só quanto aos temas locais que nossas ações ou nossa falta de ação podem ser reconhecidas por "fazerem a diferença", já que para a condição daqueles outros assuntos "supralocais" (ou assim nos dizem repetidamente nossos líderes políticos e todas as "pessoas que estão por dentro") "não existe alternativa". Passamos a suspeitar que, dados os meios e recursos deploravelmente inadequados de que dispomos, os "assuntos globais" seguirão seu curso não importa o que façamos ou o que possamos sensatamente pretender.

Mas ainda que suas raízes e causas recônditas sejam indubitavelmente *globais* e distantes, os assuntos só entram no domínio das preocupações políticas por meio de seus subprodutos e repercussões *locais*. A poluição global dos suprimentos de ar ou de água se transforma – de modo muito semelhante à produção global de pessoas e exilados "excedentes" – em um assunto *político*, quando um depósito de lixo tóxico ou um conjunto de moradias para refugiados, ou pessoas em busca de asilo, é alocado próximo a nós, em "nosso próprio quintal", numa proximidade assustadora, mas também estimulantemente "ao alcance" de nossa residência. A progressiva comercialização dos cuidados com a saúde, obviamente um efeito da furiosa competição entre as gigantes farmacêuticas supranacionais, chega ao olhar *político* quando os serviços de um hospital de bairro decaem ou os lares para idosos e as instituições de saúde mental ficam defasados. Foram os moradores de uma cidade, Nova York, ou só de Manhattan, apenas uma parte daquela enorme metrópole, que tiveram de enfrentar os danos causados pelo terrorismo globalmente gerado. E são as câmaras e os prefeitos de outras cidades que agora têm de assumir a responsabilidade pela proteção da segurança individual, que se tornou recentemente vulnerável e exposta a forças firmemente entrincheiradas que lançam seus ataques a partir de abrigos seguros e distantes e estão muito além do alcance de qualquer municipalidade. Enquanto isso, a devastação global dos meios de subsistência e o desarraigamento de populações de há muito estabelecidas entram no horizonte da ação política por meio das tarefas de integrar os pitorescos "migrantes econômicos" que congestionam as ruas que antes pareciam uniformes...

Resumindo uma longa história: *as cidades se tornaram depósitos sanitários de problemas concebidos e gerados globalmente*. Os moradores das cidades e seus representantes eleitos tendem a se confrontar com uma tarefa que nem pela força da imaginação poderiam realizar: a de encontrar soluções *locais* para problemas e dilemas *concebidos globalmente*.

Assim, permitam-me repetir, surge o paradoxo de uma política cada vez mais local num mundo progressivamente modelado e remodelado por processos globais. Como observou Castells, a marca cada vez mais conspícua de nossa época é a intensa (poderíamos dizer: compulsiva e crescentemente obsessiva) "produção de significado e identidade: meu vizinho, minha comunidade, minha cidade, minha escola, minha árvore, meu rio, minha praia, minha capela, minha paz, meu meio ambiente".[14] "Indefesas diante do turbilhão global, as pessoas se aferram a si mesmas." E deixem-me observar que, quanto mais "se aferram a si mesmas", mais "indefesas diante do turbilhão global" elas tendem a ficar, e portanto menos capazes de decidir, que dirá afirmar, os significados e as identidades locais, que aparentemente são seus – para grande satisfação dos operadores globais, que não têm motivo para temer os indefesos.

Como Castells conclui em outro trabalho, a criação do "espaço dos fluxos" estabelece uma nova (e global) hierarquia de dominação mediante a ameaça de desligamento. O "espaço dos fluxos" pode "escapar ao controle de qualquer localidade", enquanto (e porque!) "o espaço dos lugares é fragmentado, localizado, e assim cada vez mais impotente diante da versatilidade do espaço dos fluxos, sendo a única chance de resistência das localidades recusar direito de pouso aos fluxos esmagadores – só para os verem pousar na localidade próxima, induzindo desse modo a passagem e a marginalização das comunidades rebeldes".[15]

Como resultado disso, a *política local* – e particularmente a política *urbana* – *se tornou desesperadamente sobrecarregada*, muito além de sua capacidade de carga e desempenho. Agora se espera que suavize as consequências de uma globalização descontrolada, embora usando meios e recursos que a mesmíssima globalização tornou lamentavelmente inadequados. Daí a perpétua incerteza sob a qual todos os agentes políticos são obrigados a agir – uma incerteza que os políticos por vezes admitem, mas na maioria das vezes tentam encobrir pela exibição pública da flexão de músculos e bravatas retóricas, a qual tende a ser mais vigorosa e vociferante quanto mais infelizes e inadequados são os próprios políticos.

Apesar de tudo que aconteceu com as cidades em sua história, não importa quão drasticamente se tenham alterado sua estrutura espacial, seu aspecto e seu estilo de vida com o passar dos anos ou séculos, uma característica permaneceu constante: as cidades são espaços em que *estranhos* ficam e se movimentam em estreita proximidade uns dos outros.

Sendo um componente permanente da vida urbana, a presença contínua e ubíqua de estranhos visíveis e ao seu alcance acrescenta uma eterna incerteza a todas as buscas existenciais dos moradores das cidades. Essa presença, impossível de ser evitada por mais que um breve momento, é uma fonte inesgotável de ansiedade e de uma agressão geralmente adormecida, mas que explode continuamente.

O medo ambiente, ainda que subliminar, do desconhecido busca desesperadamente escoadouros de confiança. Na maioria das ocasiões, as ansiedades acumuladas tendem a ser descarregadas sobre uma categoria selecionada de "estranhos", escolhidos para resumir a "estranheza": a pouca familiaridade e a obscuridade do ambiente de vida, a incerteza dos riscos e a natureza desconhecida das ameaças. Ao se expulsar uma categoria selecionada de "estranhos" de seus lares e lojas, o fantasma ameaçador da insegurança é, por algum tempo, exorcizado; o aterrorizante monstro da insegurança é aparentemente expulso. A função latente das barreiras de fronteira, aparentemente erguidas contra "pessoas que estão falsamente em busca de asilo" e migrantes "meramente econômicos", é fortalecer a existência duvidosa, errática e imprevisível dos que estão dentro. Mas a vida líquido-moderna tende a permanecer irregular e inconstante, não importam o tratamento dado e as dificuldades impostas aos "estranhos indesejáveis" – e assim o alívio tende a ser de curta duração e as esperanças vinculadas às "medidas duras e decisivas" são frustradas na origem.

O estranho é, por definição, um agente movido por intenções que se pode, no máximo, supor, embora nunca se tenha certeza de havê-las captado totalmente. O estranho é a incógnita em todas as equações, quando quer que decisões sobre o que fazer e como comportar-se estejam sendo avaliadas pelos habitantes das cidades. E assim, ainda que os estranhos não se tornem objetos de agressão patente nem do ressentimento declarado e ativo, sua presença no campo de ação permanece desconcertante, tornando absurda a tarefa de prever os efeitos das ações e suas chances de sucesso ou fracasso.

Dividir o espaço com estranhos, viver na sua indesejada e incômoda proximidade, é uma condição que os habitantes da cidade acham difícil, talvez impossível de escapar. A proximidade dos estranhos é seu destino, um *modus vivendi* permanente que deve ser diariamente examinado e monitorado, experimentado, testado e retestado, e (ao que se espera) colocado num formato que torne palatável o convívio com eles e tolerável a sua companhia. Essa necessidade é um "dado" inegociável; mas a forma pela qual os moradores das cidades se ocupam do atendimento de suas demandas é questão de escolha. E algum tipo de escolha se faz diariamente – seja por ação ou omissão, intuito ou negligência; por decisão consciente ou apenas seguindo – cega e mecanicamente – os padrões costumeiros; por discussão e deliberação conjunta ou apenas aderindo individualmente aos meios em que hoje se confia (por estarem atualmente na moda e ainda não terem sido desacreditados).

Os fatos descritos por Steven Flusty e citados acima são manifestações *high-tech* de uma ubíqua *mixofobia* urbana.

A "mixofobia" é uma reação altamente previsível e generalizada à impressionante, desagradável e enervante variedade de tipos humanos e estilos de vida que se encontram e se esbarram nas ruas das cidades contemporâneas, não apenas nas áreas oficialmente declaradas "distritos turbulentos" ou "ruas perigosas" (e por isso evitadas), mas em suas áreas "comuns" de residência (leia-se: sem a proteção dos "espaços interditados"). À medida que a polivocalidade e a variedade cultural do ambiente urbano na era da globalização se estabelecem, com a probabilidade de se intensificarem, e não se atenuarem, com o decorrer do tempo, as tensões nascidas da perturbadora/confusa/irritante estranheza do ambiente provavelmente continuarão estimulando impulsos segregacionistas.

Descarregar esses impulsos pode (temporária, mas repetidamente) aliviar tensões nascentes. Cada descarga sucessiva renova a esperança frustrada pela anterior: de que, ainda que as diferenças perturbadoras e desconcertantes se mostrem refratárias e inexpugnáveis, talvez ao menos se possa espremer o veneno de seus ferrões atribuindo-se a cada forma de vida seu espaço físico distinto, ao mesmo tempo inclusivo e excludente, bem caracterizado e bem vigiado... Enquanto isso, na ausência dessa solução radical, talvez se pudesse ao menos garantir para si mesmo, juntamente com amigos, parentes e outras "pessoas iguais a nós", um território livre daquela mixórdia e desordem irredimíveis que afligem outras áreas da cidade. A mixofobia se manifesta na tendência em direção a ilhas de similaridade e semelhança em meio a um oceano de variedade e diferença.

As raízes da mixofobia são banais, nem um pouco difíceis de localizar, fáceis de entender, embora não necessariamente de esquecer. Como indica Richard Sennett, "o sentimento de 'nós', que expressa um desejo de ser semelhante, é uma forma de homens" e mulheres "evitarem a necessidade de examinarem mais profundamente uns aos outros".[16] Promete, podemos dizer, algum conforto espiritual: a perspectiva de tornar a convivência mais fácil de suportar, suprimindo o esforço de compreender, negociar e comprometer-se exigido pela vida em meio a outras pessoas e com suas diferenças.

Inato ao processo de formar uma imagem coerente da comunidade é o desejo de evitar a participação real. Sentir vínculos comuns sem uma experiência comum ocorre, em primeiro lugar, porque os homens têm medo da participação, medo de seus perigos e ameaças, medo de sua dor.

A tendência em direção a uma "comunidade da semelhança" é um sinal de retração não apenas em relação à alteridade *externa*, mas também ao compromisso com a interação *interna* – animada, mas turbulenta, revigorante, mas incômoda. A atração de uma "comunidade da mesmice" é a de uma apólice de seguro contra os riscos que povoam a vida diária num mundo polivocal. A imersão na "mesmice" não diminui, muito menos afasta, os riscos que a incitaram. Como todo paliativo, pode no máximo prometer um refúgio em relação a alguns de seus efeitos mais imediatos e temidos.

Fazer a opção da fuga como remédio para a mixofobia tem uma consequência exclusiva, insidiosa e deletéria: uma vez adotado, o regime supostamente terapêutico passa a se autoperpetuar e autorreforçar quanto mais ineficaz ele seja. Sennett explica por que isso acontece (na verdade, por que tem de ser assim):

> Nas duas últimas décadas, as cidades norte-americanas têm crescido de tal maneira que as áreas étnicas se tornaram relativamente

homogêneas. Não parece acidental que o medo do forasteiro também tenha crescido na medida em que essas comunidades étnicas foram sendo isoladas.[17]

Quanto mais as pessoas permanecem num ambiente uniforme – na companhia de outras "como elas" com as quais podem ter superficialmente uma "vida social" praticamente sem correrem o risco da incompreensão e sem enfrentarem a perturbadora necessidade de traduzir diferentes universos de significado –, mais é provável que "desaprendam" a arte de negociar significados compartilhados e um *modus covivendi* agradável. Uma vez que esqueceram ou não se preocuparam em adquirir as habilidades necessárias para uma vida satisfatória em meio à diferença, não é de estranhar que os indivíduos que buscam e praticam a terapia da fuga encarem com horror cada vez maior a perspectiva de se confrontarem cara a cara com estranhos. Estes tendem a parecer mais e mais assustadores à medida que se tornam cada vez mais exóticos, desconhecidos e incompreensíveis, e conforme o diálogo e a interação que poderiam acabar assimilando sua "alteridade" ao mundo de alguém se desvanecem, ou sequer conseguem ter início. A tendência a um ambiente homogêneo, territorialmente isolado, pode ser deflagrada pela mixofobia. Mas *praticar* a separação territorial é o colete salva-vidas e o abastecedor da mixofobia; e se torna gradualmente seu principal reforço.

Mas a mixofobia não é o único combatente no campo de batalha urbano.

A vida na cidade é uma experiência notoriamente ambivalente. Ela atrai *e* repele. Para tornar o destino do cidadão urbano ainda mais dilacerante e difícil de remediar, são *os mesmos* aspectos da vida da cidade que, intermitente ou simultaneamente, atraem e repelem... A confusa variedade do ambiente urbano é uma fonte de medo (particularmente para aqueles entre nós que já "perderam o jeito familiar", tendo sido lançados num estado de aguda incerteza pelos processos desestabilizadores da globalização). *Os mesmos* brilhos e reflexos caleidoscópicos do cenário urbano, embora jamais carentes de novidade e surpresa, constituem seu charme e poder de sedução quase irresistíveis.

Assim, o ato de confrontar o espetáculo incessante e constantemente deslumbrante da cidade não é vivenciado sem ambiguidade como veneno e maldição; refugiar-se dele tampouco é sentido como uma pura bênção. A cidade estimula a *mixofilia* da mesma forma que inculca e alimenta a mixofobia. Intrínseca e inseparavelmente, a vida na cidade é um negócio *ambivalente*.

Quanto maior e mais heterogênea a cidade, mais atrações ela pode sustentar e oferecer. A concentração maciça de estranhos é, simultaneamente, um repelente e um poderosíssimo ímã, atraindo para a cidade sempre novas cortes de homens e mulheres cansados da monotonia da vida no campo ou nas pequenas cidades, fartos de suas rotinas repetitivas – e desesperançados pela ausência de perspectiva proveniente da falta de chances. A variedade é uma promessa de oportunidades, muitas e diferentes, adequadas a todas as habilidades e a todos os gostos – e assim, quanto maior a cidade, mais é provável que atraia um número crescente de pessoas que rejeitam ou que têm negadas as chances e ocasiões de aventura em lugares menores e, portanto, menos tolerantes à idiossincrasia e mais sovinas quanto às liberdades que oferecem ou, na verdade, toleram. Parece que a mixofilia, assim como a mixofobia, é uma tendência autopropulsora, autopropagadora e autotonificante. Nenhuma das duas tende a se exaurir por si mesma ou a perder alguma parte de seu vigor no curso da renovação urbana e na reforma do espaço da cidade.

A mixofobia e a mixofilia coexistem em toda cidade, mas também dentro de cada um de seus moradores. Reconhecidamente, é uma coexistência incômoda, cheia de barulho e fúria – embora signifique muito para as pessoas localizadas na extremidade receptora da ambivalência líquido-moderna.

Já que os estranhos tendem a levar suas vidas na companhia uns dos outros por um longo período, independentemente das voltas e reviravoltas da história urbana, a arte de viver em paz e feliz com a diferença e de se beneficiar da variedade de estímulos e oportunidades ganha imensa importância entre as habilidades que um residente da cidade necessita (e deveria) aprender e empregar.

Dada a crescente mobilidade humana da era líquido-moderna e as aceleradas mudanças de elenco, enredos e cenários do palco urbano, a erradicação total da mixofobia não parece provável. Mas talvez se possa fazer alguma coisa para influenciar as proporções em que a mixofilia e a mixofobia se misturam e reduzir o impacto confuso desta última, assim como a ansiedade e a angústia que ela gera. Com efeito, parece que arquitetos e planejadores urbanos poderiam fazer muito para ajudar no crescimento da mixofilia e minimizar as chances para respostas mixofóbicas aos desafios da vida urbana. E parece haver muito que podem fazer e de fato estão fazendo para facilitar os efeitos opostos.

Como vimos anteriormente, a segregação das áreas residenciais e dos espaços públicos – embora comercialmente atraentes para os construtores como um modo rápido de obter lucros, e também para os clientes como um remédio de efeito rápido para as ansiedades geradas pela mixofobia – é na verdade sua principal causa. As soluções disponíveis criam ou até agravam os problemas que garantem resolver: os construtores de comunidades fechadas e condomínios estritamente vigiados e os arquitetos dos "espaços interditados" criam, reproduzem e intensificam a demanda que pretendem satisfazer e a necessidade que prometem atender. A paranoia mixofóbica se alimenta de si mesma e atua como uma profecia autorrealizadora. Se a segregação é oferecida e aceita como cura radical para os perigos representados pelos estranhos, conviver com estes se torna cada dia mais difícil. Homogeneizar os bairros residenciais e então reduzir ao mínimo inevitável todo o comércio e comunicação entre eles é uma receita infalível para a intensificação e o aprofundamento do impulso de excluir e segregar. Uma medida como essa pode ajudar a reduzir temporariamente as dores das quais padecem as pessoas afligidas pela mixofobia, mas a cura é, em si mesma, patogênica e torna a aflição mais profunda e menos curável, de modo que novas e mais fortes doses do remédio são necessárias para manter a dor num nível toleravelmente baixo. A homogeneidade social do espaço, enfatizada e fortalecida pela segregação espacial, diminui a tolerância à diferença em seus habitantes e assim multiplica as oportunidades para reações mixofóbicas, fazendo a vida urbana parecer mais "sujeita a risco" e, portanto, mais angustiante, em vez de mais segura e, desse modo, mais agradável e fácil de levar.

Mais favorável à fixação e ao cultivo de sentimentos mixofílicos seria a estratégia oposta em termos de arquitetura e planejamento urbano: a propagação de espaços públicos abertos, convidativos e hospitaleiros, os quais todas as categorias de habitantes urbanos seriam tentadas a visitar regularmente e a compartilhar com boa vontade e conscientemente. Como Hans Gadamer admiravelmente assinalou em seu *Truth and method*, a compreensão mútua é estimulada por uma "fusão de horizontes": os horizontes cognitivos, ou seja, aqueles estabelecidos e ampliados no curso da acumulação da experiência de vida. A "fusão" exigida pela compreensão mútua só pode resultar da experiência *compartilhada*. E compartilhar a experiência é inconcebível sem um espaço comum. Os medos contemporâneos mais assustadores são os que nascem da incerteza existencial. Suas raízes se fincam muito além das condições da vida urbana, e o que quer que se faça dentro da cidade e na escala do espaço urbano e dos recursos administrados pela cidade para cortar essas raízes ficará aquém do que seria necessário para esse empreendimento.

A mixofobia que assombra a convivência dos moradores das cidades não é a fonte de sua ansiedade, mas um produto de uma perversa e enganosa interpretação de suas fontes; uma manifestação de tentativas desesperadas, no final inconclusas, de aliviar a dor que a ansiedade provoca: remover a erupção da pele acreditando que isso pode curar a doença. É a mixofilia, tão entranhada na vida urbana quanto sua oposição mixofóbica, que carrega um germe de esperança: não apenas a esperança de tornar a vida urbana (um tipo de vida que exige a convivência e a interação com uma variedade enorme, quiçá infinita, de estranhos) menos preocupante e mais fácil de praticar, mas também a de aliviar as tensões que surgem, por motivos similares, em escala planetária.

Como se mencionou anteriormente, atualmente as cidades são aterros sanitários de problemas produzidos globalmente. Mas também podem ser vistas como laboratórios em que as formas de conviver com a diferença, ainda a serem aprendidas pelos habitantes de um planeta cada vez mais populoso, são a cada dia inventadas, testadas, memorizadas e assimiladas. O trabalho da "fusão de horizontes" de Gadamer, aquela condição necessária do *allgemeine Vereinigung der Menschheit* de Kant, pode muito bem começar no palco urbano. Nesse palco, a apocalíptica visão de Huntington do conflito inconciliável e do inescapável "choque de civilizações"[18] pode ser traduzida em encontros diários benignos, e muitas vezes profundamente gratificantes e agradáveis, com a humanidade que se esconde por trás das máscaras teatrais assustadoramente estranhas de raças, nacionalidades, deuses e liturgias diferentes e exóticas. Mais que em qualquer outro lugar, é nas ruas compartilhadas das cidades que se pode descobrir e aprender que, como afirmou Mark Juergensmeyer,[19] embora "as expressões de rebelião seculares e ideológicas" tendam hoje a ser "substituídas por formulações ideológicas de ordem religiosa, ... as queixas – o senso de alienação, marginalização e frustração social – são frequentemente muito semelhantes" em todas as fronteiras confessionais que separam e antagonizam.

· 5 ·

A utopia na era da incerteza

Mesmo as vidas das pessoas mais felizes (ou, segundo a opinião comum e um tanto contaminada pela inveja dos infelizes, as mais sortudas) estão longe de serem livres de problemas. Poucos de nós estão prontos a declarar que tudo na vida funciona como gostaríamos que funcionasse – e até esses poucos têm momentos de dúvida.

Todos nós estamos acostumados com ocasiões desagradáveis e desconfortáveis em que as coisas ou pessoas nos causam preocupações que não esperaríamos, e certamente não desejaríamos, que causassem. O que torna essas adversidades ("golpes do destino", como às vezes as chamamos) particularmente incômodas é que elas chegam sem aviso – não esperamos que elas cheguem, e com muita frequência não acreditamos que possam estar perto. Elas nos atingem, como dizemos, "como um raio em céu azul" – de modo que não podemos tomar precauções e evitar a catástrofe, já que ninguém espera que caia um raio quando o céu está sem nuvens...

A surpresa desses golpes, sua irregularidade, a detestável capacidade de virem de qualquer direção – tudo os torna imprevisíveis e nos deixa indefesos. Enquanto os perigos permanecem eminentemente flutuantes, inconstantes e banais, nós somos seus alvos fixos – há muito pouco que possamos fazer, se é que há alguma coisa, para evitá-los. Essa falta de esperança é assustadora. Incerteza significa medo. Não admira que sonhemos, continuamente, com um mundo sem acidentes. Um mundo regular. Um mundo previsível. Não um mundo de rosto impenetrável – ainda que alguns filósofos, como Leibniz, estejam certos ao afirmarem que mesmo um "mundo perfeito" não seria perfeito se não contivesse alguma dose de aflição, ao menos que esta aflição seja confinada a recintos confiavelmente cercados, bem mapeados e estritamente vigiados e guardados, de modo que se possa saber o que é o quê, onde as coisas estão e quando deve-se esperar que alguma coisa aconteça – e estar pronto para enfrentá-la quando vier. Em suma, sonhamos com um mundo no qual possamos confiar e acreditar. Um mundo seguro.

"Utopia" é o nome que, graças a sir Thomas More, se tem comumente atribuído a esses sonhos desde o século XVI – ou seja, desde o tempo em que as rotinas antigas e aparentemente eternas começaram a se desintegrar; em que hábitos antigos e convenções começaram a mostrar sua idade e os rituais, sua debilidade; em que a violência se tornou frequente (ou era assim que as pessoas tendiam a explicar a profusão de demandas e ações não ortodoxas que eram novas, e que os poderes que elas até então acreditavam onipotentes descobriram ser demasiado refratários e/ou difíceis de manejar para que pudessem contê-los, e muito poderosos e incontroláveis para serem dominados das maneiras antigas e já testadas). Quando sir Thomas More desenhou a sua planta de um mundo livre das ameaças imprevisíveis, o improviso e a experimentação, cheios de riscos e erros, estavam se tornando rapidamente a ordem do dia.

Sir Thomas sabia muito bem que, tanto quanto um projeto para o estabelecimento de uma vida boa, seu plano de um mundo limpo da insegurança e dos medos sem fundamento era apenas um sonho: ele chamou sua concepção de "utopia", referindo-se ao mesmo tempo a *duas* palavras gregas: *eutopia*, ou seja, "lugar bom", e *outopia*, que significa "em lugar nenhum". Seus numerosos seguidores e imitadores, contudo, foram mais resolutos ou menos cautelosos. Viviam num mundo já confiantes – corretamente ou erroneamente, para o bem ou para o mal – de que tinham a sagacidade necessária para projetar um mundo preferível, livre do medo, e a perspicácia exigida para alçar o imoderado "é", ao nível do "deve", ditado pela razão. Essa confiança lhes dava coragem e energia para experimentar os dois.

Nos séculos imediatamente seguintes, o mundo moderno seria um mundo otimista – vivendo rumo à utopia. Também seria um mundo que acreditava não ser possível viver numa sociedade sem utopia e, consequentemente, que não valia a pena viver uma vida sem utopia. Em caso de dúvida, sempre é possível basear-se na autoridade das mentes mais brilhantes e adoradas então disponíveis. Como Oscar Wilde, por exemplo:

> Um mapa-múndi que não inclua a utopia não vale nem a pena olhar, pois deixa de fora o único país em que a humanidade está sempre desembarcando. E quando a humanidade lá desembarca, ela olha em volta e, vendo um país melhor, iça as velas. O progresso é a realização das utopias.

Com o benefício de um olhar retrospectivo, ficamos inclinados, porém, a corrigir a última sentença – e por dois motivos. Primeiro, o progresso era uma *corrida atrás de utopias,* e não sua *realização.* As utopias faziam o papel da falsa lebre – ferozmente perseguida, mas nunca alcançada pelos cães de corrida. E, segundo: a maior parte do tempo, o movimento chamado "progresso" foi mais um esforço para fugir de utopias fracassadas que para alcançar outras, ainda não vivenciadas; uma corrida para longe do "não tão bom quanto se esperava", em vez de ir do "bom" para o "melhor"; um esforço estimulado mais por frustrações passadas que pela glória futura. As realidades apresentadas como "realizações" de utopias se revelaram, com muita frequência, feias caricaturas de sonhos, e não o paraíso sonhado. A irresistível razão para "içar velas" novamente era uma aversão ao que *tinha sido* feito, em lugar da atração do que *ainda se poderia* fazer...

Do outro lado do Canal veio uma opinião que concordava com a de Oscar Wilde, apresentada por outro sábio, Anatole France:

> Sem as utopias de outras épocas, os homens ainda viveriam em cavernas, miseráveis e nus. Foram os utopistas que traçaram as linhas da primeira cidade ... Sonhos generosos geram realidades benéficas. A utopia é o princípio de todo progresso, e o ensaio de um futuro melhor.

Evidentemente, na época do nascimento de Anatole France as utopias haviam se estabelecido tão firmemente na consciência do público e nas atividades da vida quotidiana que a existência humana *sem* utopia parecia ao escritor francês não apenas inferior e terminalmente imperfeita, mas simplesmente inimaginável. Parecia óbvio a Anatole France, assim como a muitos de seus contemporâneos, que até os trogloditas tiveram de sonhar suas utopias para que não precisássemos mais viver em cavernas... De outra forma, com efeito, como poderíamos – perguntaria Anatole France – passear pelos bulevares parisienses do Barão Haussmann? Não poderia ter existido uma "primeira cidade" a menos que, antes de sua construção, tivesse havido a "utopia de uma cidade"! Tendemos, em todas as épocas, a projetar nosso modo de vida sobre outras formas de existência se quisermos entendê-las – e assim, para as gerações tuteladas e preparadas para serem puxadas por utopias ainda não testadas e empurradas pelas já desacreditadas, tal questão pareceria puramente retórica, e sua verdade, totalmente pleonástica...

E, no entanto, ao contrário da opinião proclamada por Anatole France e com base no senso comum de seus contemporâneos, as utopias nasceram junto com a modernidade e só na atmosfera moderna puderam respirar.

Em primeiro lugar, uma utopia é uma imagem de outro universo, diferente daquele que conhecemos ou de que estamos a par. Além disso, ela prevê um universo originado inteiramente da sabedoria e devoção humanas. Mas a ideia de que os seres humanos podem substituir o mundo que é por outro diferente, feito inteiramente à sua vontade, era quase totalmente ausente do pensamento humano antes do advento dos tempos modernos. A autorreprodução opressivamente monótona das formas pré-modernas de vida humana, sujeitas a mudanças lentas demais para serem notadas, proporcionava pouca inspiração, e menos coragem ainda, para ruminações sobre formas alternativas de vida humana sobre a terra, exceto nos moldes do apocalipse ou do juízo final, ambos de origem divina. Para conduzir a imaginação humana à prancha de desenho em que se esboçaram as primeiras utopias, era necessário um rápido colapso da capacidade autorreprodutiva do mundo humano – um tipo de colapso que entrou para a história como o nascimento da era moderna.

Para nascer, o sonho dos utopistas necessitava de duas condições. Primeiro, um sentimento irresistível (mesmo que difuso e ainda não articulado) de que o mundo não estava funcionando de maneira adequada e de que era improvável consertá-lo sem uma revisão completa. Segundo, a confiança na capacidade humana de realizar essa tarefa, a crença de que "nós, humanos, podemos fazê-lo", armados como estamos da razão capaz de verificar o que está errado no mundo e descobrir o que usar para substituir suas partes doentes, assim como da capacidade de construir as armas e ferramentas necessárias para enxertar esses projetos na realidade humana. Em suma, era necessária a confiança de que, sob a administração humana, o mundo poderia ser colocado numa forma mais adequada à satisfação das necessidades do homem – não importa quais fossem ou pudessem ainda vir a ser essas necessidades.

Podemos dizer que, se a postura pré-moderna em relação ao mundo era próxima da de um guarda-caça, a atitude do jardineiro é que serviria melhor como metáfora da prática e da visão de mundo modernas.

A principal tarefa de um guarda-caça é defender a terra sob sua guarda contra toda interferência humana, a fim de proteger e preservar, por assim dizer, seu "equilíbrio natural", a encarnação da infinita sabedoria de Deus ou da Natureza. A tarefa do guarda-caça é descobrir e desmontar prontamente as armadilhas montadas por caçadores furtivos e evitar a invasão de outros, estranhos e ilegítimos – para que a perpetuação desse "equilíbrio natural" não seja prejudicada. O trabalho do guarda-caça se baseia na crença de que as coisas andam melhor quando não as consertamos; em tempos pré-modernos, baseavam-se na crença de que o mundo era uma cadeia divina de seres em que cada criatura tinha seu lugar útil e legítimo, mesmo que a capacidade mental humana fosse demasiadamente limitada para compreender a sabedoria, a harmonia e o caráter ordenado do projeto divino.

Com o jardineiro não é assim. Ele presume que não haveria nenhuma espécie de ordem no mundo (ou pelo menos na pequena parte do mundo sob sua guarda), não fosse por sua atenção e esforço constantes. O jardineiro sabe que tipos de plantas devem e não devem crescer no lote sob seus cuidados. Ele primeiro desenvolve em sua cabeça o arranjo desejável, depois cuida para que essa imagem seja gravada no terreno. Ele impõe esse projeto pré-concebido ao terreno estimulando o crescimento dos tipos certos de plantas (principalmente aquelas que ele mesmo semeou ou plantou) e extirpando e destruindo todas as outras, agora rebatizadas de "ervas daninhas", cuja presença sem convite e indesejada, indesejada *porque* sem convite, não pode se enquadrar na harmonia geral do projeto.

São os jardineiros que tendem a ser os mais zelosos e hábeis (somos tentados a dizer: profissionais) construtores de utopias. É na imagem do ideal de harmonia dos jardineiros, cuja planta foi esboçada pela primeira vez em suas cabeças, que "os jardins sempre desembarcam", um protótipo da maneira pela qual a humanidade, relembrando o postulado de Oscar Wilde, tenderia a desembarcar num país chamado "utopia".

Se hoje se ouvem expressões como "a morte da utopia", "o fim da utopia" ou "o desvanecimento da imaginação utópica", borrifadas sobre debates contemporâneos de forma suficientemente densa para se enraizarem no senso comum e assim serem tomadas como autoevidentes, é porque hoje a postura do jardineiro está cedendo vez à do *caçador*.

Diferentemente dos dois tipos que prevaleceram antes do início de seu mandato, o caçador não dá a menor importância ao "equilíbrio" geral "das coisas", seja ele "natural" ou planejado e maquinado. A única tarefa que os caçadores buscam é outra "matança", suficientemente grande para encherem totalmente suas bolsas. Com toda a certeza, eles não considerariam seu dever assegurar que o suprimento de animais que habitam a floresta seja recomposto depois (e apesar) de sua caçada. Se os bosques ficarem vazios de caça devido a uma aventura particularmente proveitosa, os caçadores podem mudar-se para outra mata relativamente incólume, ainda fértil em potenciais troféus de caça. Pode ocorrer-lhes que alguma vez, num futuro distante e ainda indefinido, o planeta possa não ter mais florestas inexauridas; mas se isso acontecer, eles não o verão como uma preocupação imediata – e certamente não como *sua*. Essa possibilidade distante não vai afetar nem prejudicar os resultados da atual caçada, nem da próxima, e decerto não há nada nela que obrigue a mim, apenas um caçador entre muitos, ou a nós, apenas uma associação de caça entre muitas, a refletir, que dirá fazer alguma coisa a respeito.

Agora somos todos caçadores, ou chamados de caçadores e convocados ou compelidos a agir como tal, sob pena de sermos expulsos da caçada, ou (nem pensar nisso) relegados às fileiras da caça. E o quanto quer que olhemos em volta, provavelmente veremos outros caçadores solitários como nós, ou caçadores caçando em grupos da maneira como nós ocasionalmente também tentamos. E precisaríamos realmente nos esforçar para conseguirmos ver um jardineiro que estivesse contemplando algum tipo de harmonia pré-planejada por trás da cerca de seu jardim privado e depois se pusesse a concretizá-la (a relativa raridade dos jardineiros e a crescente profusão de caçadores são o que os cientistas sociais discutem sob o título culto de "individualização"). Certamente não vamos encontrar muitos guarda-caças, ou mesmo caçadores com rudimentos da visão de mundo dos guarda-caças – sendo essa a principal razão pela qual as pessoas dotadas de "consciência ecológica" estão alarmadas e fazem o possível para alertar o resto de nós (aquela lenta mas constante extinção da filosofia ao estilo do guarda-caça combinada com um declínio de sua variedade ao estilo jardineiro é o que os políticos exaltam sob o título de "desregulamentação").

É evidente que, num mundo povoado principalmente por caçadores, há pouco espaço para devaneios utópicos, se é que existe algum; e não seriam muitas as pessoas inclinadas a tratar com seriedade os projetos utópicos, caso alguém oferecesse algum à sua consideração. E assim, mesmo que alguém soubesse como melhorar o mundo e assumisse plenamente a tarefa de melhorá-lo, a questão verdadeiramente intrigante seria: quem tem recursos suficientes e é forte o bastante para fazer o que precisa ser feito...

A expectativa dessa riqueza de recursos e dessa vontade de agir era investida na autoridade soberana dos Estados-nações, mas, como Jacques Attali observou recentemente em *La voie humaine*, "as nações perderam influência sobre o rumo dos negócios e abandonaram às forças da globalização todos os meios de conduzir o mundo para um destino e de montar uma defesa contra todas as variedades de medo". E as "forças da globalização" que assumiram muitos dos antigos poderes do Estado-nação não são muito conhecidas por apresentarem instintos, filosofias ou estratégias ao estilo "guarda-caça" ou "jardineiro". Em vez disso, favorecem a caçada e os caçadores.

Como livro de referência para os caçadores, o *Thesaurus* de Roget, merecidamente aclamado pelo registro fiel de sucessivas mudanças no emprego das palavras, parece agora ter todo o direito de relacionar o conceito de "utópico" em estreita proximidade com "fantasioso", "fantástico", "quimérico", "não prático", "irrealista", "desarrazoado" e "irracional". E assim talvez estejamos, de fato, testemunhando o fim da utopia?

Suponho que, se a utopia tivesse língua e fosse além disso abençoada com a sagacidade de Mark Twain, provavelmente insistiria que os relatos de sua morte têm sido um tanto exagerados...

E teria boas razões para dizer isso. Digitei a palavra "utopia" há pouco em meu computador e o buscador Google apresentou 4.400.000 websites (provavelmente terá acrescentado muitos outros quando você estiver lendo estas palavras) – um número impressionante mesmo pelos padrões, notoriamente excessivos, da internet, e dificilmente um sintoma de um cadáver em decomposição ou mesmo de um corpo em convulsões terminais.

Examinemos mais de perto, porém, os sites listados. O primeiro e, demonstravelmente, mais impressionante da lista informa aos internautas que "utopia é um dos maiores jogos interativos on-line grátis do mundo – com mais de 80 mil participantes". Então, espalhadas aqui e ali, há algumas referências à história das ideias utópicas e a centros que oferecem cursos sobre essa história, dirigidos principalmente aos amantes das antiguidades e aos colecionadores de curiosidades – a referência mais comum entre elas vai até o próprio sir Thomas More, o ancestral da coisa toda. Entretanto, entre eles, esses sites constituem uma minoria.

Não vou fingir que percorri todos os 4.400.000 sites (a intenção de fazê-lo talvez pudesse ser relacionada entre os mais utópicos dos projetos utópicos), mas a impressão que tive depois de ler uma amostra aleatória estatisticamente razoável é de que o termo "utopia" foi apropriado principalmente por empresas de viagens, cosméticos e decoração de interiores, assim como por firmas de moda. Os sites têm uma coisa em comum: todos oferecem serviços *individuais* a quem procura a satisfação *individual* e a fuga *individual* aos desconfortos sofridos *individualmente*.

Outra impressão que tive: na rara ocasião em que aparece a palavra "progresso" nas páginas desses sites comerciais, ela não se refere mais a um *impulso à frente*. Em vez de uma corrida atrás de um alvo que corre à nossa frente, ela implica uma ameaça que torna imperativa uma fuga bem-sucedida; inspira o impulso de fugir de um desastre que bafeja em seu pescoço...

"Utopia" denotava um objetivo distante cobiçado e sonhado ao qual o progresso deveria, poderia e iria finalmente conduzir os que procuravam um mundo que atendesse melhor as necessidades humanas. Nos sonhos contemporâneos, contudo, a imagem do "progresso" parece ter saído do discurso do *aperfeiçoamento compartilhado* para o da *sobrevivência individual*. O progresso não é mais imaginado no contexto de um impulso para uma arrancada à frente, mas em conexão com um esforço desesperado para permanecer na corrida. A consciência do progresso torna a pessoa cautelosa e demanda vigilância: ao ouvirmos falar da "marcha do tempo", tendemos a nos preocupar em sermos deixados para trás, em cairmos de um veículo em rápida aceleração, em não encontrarmos um lugar na próxima rodada da "dança das cadeiras". Quando você lê, por exemplo, que neste próximo ano o Brasil "é o único destino ensolarado *deste* inverno", a lição é que no próximo inverno você deve evitar ser visto onde pessoas com aspirações semelhantes às suas tendiam a ser vistas no inverno *passado*. Ou você pode ler que deve "deixar os ponchos de lado" – que estavam tão *em voga* no ano passado – já que o tempo não para e agora lhe dizem que usar um poncho faz "você ficar parecendo um camelo". Ou você vai aprender que vestir paletó risca de giz com camiseta – que, no ano passado, era tão "deve usar" e "deve ser visto usando"– ficou ultrapassado, só porque agora "qualquer um" desfila desse jeito. E assim por diante. O tempo flui, e o truque é se manter no ritmo das ondas. Se você não quer afundar, continue surfando, e isso significa mudar o guarda-roupa, a mobília, o papel de parede, a aparência, os hábitos – em suma, você mesmo – tão frequentemente quanto consiga.

Não preciso acrescentar, pois isso deveria estar óbvio, que essa nova ênfase no descarte das coisas – em abandoná-las, se livrar delas – e não na sua aquisição se encaixa bem na lógica de nossa economia orientada pelo consumo. As pessoas apegadas às roupas, computadores, celulares e cosméticos de ontem representariam um desastre para uma economia cuja principal preocupação, e condição *sine que non* para sua existência, é a rapidez com que os produtos vendidos e comprados são jogados fora. E nessa economia o despejo de lixo é a indústria de vanguarda.

Cada vez mais, fugir se torna o nome do jogo mais famoso do momento. Semanticamente, a fuga é o exato oposto da utopia, mas psicologicamente ela é, nas atuais circunstâncias, seu único substituto disponível: pode-se dizer sua nova versão, atualizada e no estado da arte, remodelada sob medida para nossa desregulamentada e individualizada sociedade de consumidores. Você já não espera seriamente fazer do *mundo* um lugar melhor para se viver; não consegue sequer tornar realmente seguro aquele melhor *lugar* do mundo que resolveu construir para si mesmo. A insegurança veio para ficar, não importa o que aconteça. Mais que tudo, "boa sorte" significa manter longe a "má sorte".

O que resta para suas preocupações e esforços, e que deve atrair a maior parte de suas atenções e energia, é a luta contra a *derrota*: tente ao menos permanecer entre os *caçadores*, já que a única alternativa é se ver entre os *caçados*. Para que seja desempenhada adequadamente e com chance de sucesso, a luta contra a derrota vai exigir sua plena e total atenção, vigilância 24 horas por dia, sete dias por semana, e acima de tudo manter-se em movimento – tão rápido quanto puder...

Joseph Brodsky, o filósofo-poeta russo-norte-americano, descreveu de forma esclarecedora o tipo de vida colocado em movimento e impulsionado pela compulsão à fuga. A sorte dos perdedores reconhecidos, dos pobres eliminados do jogo do consumismo, é uma vida de rebelião esporádica, porém mais comumente do vício em drogas: "Em geral, o homem que injeta heroína em suas veias o faz, em grande parte, pela mesma razão que você compra um vídeo", disse Brodsky aos alunos do Dartmouth College em julho de 1989. Quanto aos potenciais ricos, que os alunos do Dartmouth College esperam se tornar:

> Vocês vão se entediar com seus empregos, suas esposas, suas amantes, a vista de suas janelas, a mobília ou o papel de parede do seu quarto, seus pensamentos, vocês mesmos. Consequentemente, vocês vão tentar encontrar maneiras de fugir. Além dos artifícios de autossatisfação mencionados acima, vocês podem recorrer à mudança de emprego, de residência, de empresa, de país, de clima, podem assumir a promiscuidade, o álcool, viagens, aulas de culinária, drogas, psicanálise...

De fato, você pode juntar tudo isso, e por um instante pode ser que funcione. Até, é claro, o dia em que você acorda em sua cama em meio a uma nova família e a outro papel de parede, num Estado e num clima diferentes, com uma pilha de contas do seu agente de viagens e do seu analista, e no entanto com o mesmo sentimento desagradável em relação à luz do dia que se infiltra pela janela...

Andrzej Stasiuk, notável romancista polonês e analista particularmente sagaz da condição humana contemporânea, afirma que "a possibilidade de se tornar outra pessoa" é o atual substituto da salvação e da redenção, hoje amplamente descartadas e desprezadas.

Aplicando várias técnicas, podemos alterar nossos corpos e remodelá-los segundo diferentes padrões ... Quando se folheiam revistas sofisticadas, tem-se a impressão de que elas contam principalmente uma história – sobre as maneiras pelas quais é possível mudar a personalidade de alguém, começando por dietas, ambientes, lares, até a reconstrução de nossa estrutura psíquica, que tem frequentemente como codinome a proposição do "seja você mesmo".

Slawomir Mrozek, um escritor polonês de fama mundial com experiência de primeira mão em muitas terras e culturas, concorda com a hipótese de Stasiuk: "Nos velhos tempos, quando nos sentíamos infelizes, acusávamos Deus, então gerente do mundo; presumíamos que Ele não havia administrado adequadamente o negócio. Então, O despedimos e nomeamos a nós mesmos como novos diretores." Mas – como Mrozek, um dedicado livre-pensador que rejeita o clero e tudo que seja clerical, descobriu – o negócio não mudou com a mudança de gerente. E não mudou porque, quando o sonho e a esperança de uma vida melhor se concentram em nossos próprios egos e se reduzem a consertar nossos corpos e almas...

Não há limite à nossa ambição e tentação de fazer nosso ego crescer ainda mais, mas principalmente de recusar a aceitar limites ... Disseram-me: "Invente-se, invente a própria vida e a administre como quiser, em cada um dos momentos e do princípio ao fim." Mas eu seria capaz de realizar essa tarefa? Sem ajuda, tentativas, ajustes, erros e rearranjos, e acima de tudo sem dúvidas?

A dor que costumava ser causada por uma escolha indevidamente limitada foi substituída agora por outra, que não é menor – embora desta vez seja causada pela obrigação de escolher sem confiar nas escolhas que se faz e sem a certeza de que próximas escolhas farão o alvo ficar mais próximo. Mrozek compara o mundo que habitamos a um:

> Mostruário cheio de vestidos luxuosos e cercado de multidões procurando pelos seus "eus" ... É possível mudar de vestido sem parar, portanto: de que liberdade extraordinária desfrutam essas pessoas... Continuemos procurando nossos verdadeiros eus, é terrivelmente engraçado – com a condição de que o eu verdadeiro nunca seja encontrado. Porque se for, a graça vai acabar...

O sonho de tornar a incerteza menos assustadora e a felicidade mais permanente mudando o próprio ego, e de mudar o ego trocando de vestido, é a "utopia" dos caçadores – uma versão "desregulamentada", "privatizada" e "individualizada" das antigas visões da boa sociedade, uma sociedade hospitaleira à humanidade de seus membros. A caça é uma atividade de tempo integral, que consome muita atenção e energia, deixa pouco ou nenhum tempo para qualquer outra coisa. E assim ela desvia nossa atenção da eternidade da tarefa e adia para as calendas gregas o momento de reflexão em que se deve enfrentar francamente a impossibilidade de a missão um dia ser cumprida. Como Blaise Pascal observou profeticamente séculos atrás, o que as pessoas querem é "ser desviadas de pensar no que elas são ... por uma nova e agradável paixão que as mantenha ocupadas, como o jogo, a caça, algum espetáculo empolgante ...". As pessoas querem fugir à necessidade de pensar em "nossa condição infeliz", e assim "preferimos a caça à captura". "A lebre não vai nos livrar de pensar" nas formidáveis mas incuráveis imperfeições de nossa condição comum, "mas caçá-la vai".

Mas o problema é que, tendo-se tentado fazer isso uma vez, a caça se transforma em compulsão, vício e obsessão. Capturar uma lebre seria um anticlímax. Só tornaria mais sedutora a perspectiva de outra caçada, já que as esperanças que acompanham essa atividade foram consideradas a experiência mais deliciosa (a única deliciosa?) de todo esse negócio. Capturar a lebre pressagia o fim dessas experiências – a menos que outra caçada esteja planejada para a manhã seguinte. Será esse o fim da utopia? Sob um certo aspecto, sim, já que as primeiras utopias modernas imaginavam um ponto em que o tempo iria parar – na verdade, o fim do tempo como *história*. Numa vida de caçador, contudo, não existe esse ponto, um momento em que se poderia dizer que o trabalho foi realizado, que o caso foi aberto e fechado, a missão concluída – e então se poderia antecipar o resto da vida como "vivendo felizes para sempre, até a eternidade".

Além disso, numa sociedade de caçadores, a expectativa do fim da caçada não é tentadora, mas apavorante – já que esse fim só pode chegar na forma da derrota e exclusão pessoais. As trombetas continuarão anunciando o início de outra aventura, o latido dos galgos continuará ressuscitando a doce memória de antigas caçadas, outras pessoas continuarão caçando, a excitação universal não terá fim... Sou o único que será deixado de lado, afastado e não mais desejado, excluído das alegrias das outras pessoas: apenas um espectador passivo do outro lado da cerca, observando a festa, mas proibido ou incapaz de se juntar aos convivas, aproveitando ao máximo as imagens e os sons à distância e por procuração.

Numa vida de caça contínua e permanente, caçar é outra utopia. É – ao contrário das utopias do passado – uma utopia sem um *fim*. Uma utopia bizarra, é verdade, avaliada por padrões não ortodoxos. As utopias originais extraíam seus poderes magnéticos da promessa de que a labuta teria fim; a utopia dos caçadores é o sonho de uma labuta interminável.

Uma utopia estranha, não ortodoxa – mas ainda assim uma utopia, prometendo o mesmo prêmio inatingível alardeado por todas as utopias, ou seja, uma solução derradeira e radical para os problemas humanos passados, presentes e futuros, e uma cura derradeira e radical para as dores e sofrimentos da condição humana. É não ortodoxa principalmente por ter transferido a terra das soluções e das curas do "longínquo" para o "aqui e agora". Em vez de viver *para* uma utopia, aos caçadores se oferece uma vida *dentro* de uma utopia.

Para os jardineiros, a utopia era o fim da estrada; para os caçadores, é a própria estrada. Os jardineiros visualizavam o fim da estrada como a justificativa e o triunfo final da utopia. Para os caçadores, o fim da estrada só pode ser o final da utopia vivida, a ignominiosa *derrota*. Acrescentando à injúria o insulto, também seria uma derrota profundamente *pessoal* e a prova cabal do fracasso igualmente pessoal. São poucas as esperanças, se é que chega a haver alguma, de que outros caçadores parem de caçar, e assim a não participação na caçada atual só pode ser sentida como a ignomínia da exclusão pessoal, e portanto (presumivelmente) da inadequação pessoal.

Uma utopia trazida do nebuloso "longínquo" para o tangível "aqui e agora", a utopia *vivida* em vez daquela *para a qual se vive*, é imune a testes; para todos os fins e propósitos práticos, ela é imortal. Mas sua imortalidade foi atingida ao preço da fragilidade e vulnerabilidade de todos e cada um dos que foram encantados e seduzidos para vivê-la.

Diferentemente das utopias de outrora, a utopia dos caçadores não oferece um significado para a vida, seja ele autêntico ou fraudulento. Só ajuda a afugentar da mente as questões relativas ao significado da vida. Tendo remodelado o curso da vida numa série interminável de buscas autocentradas – cada episódio vivido tendo como função a introdução ao próximo – ela não dá chance para a reflexão sobre a direção e o sentido disso tudo. Quando (se) essa chance realmente aparece, no momento em que se abandona a vida de caçador, ou se é banido dela, geralmente é muito tarde para que essa reflexão tenha algum impacto sobre a forma como a vida – a própria e a dos outros – é moldada, e portanto muito tarde para se opor ao seu formato atual e disputar efetivamente a sua propriedade.

É difícil, quase impossível, resumir a meio caminho essa peça improvisada e incompleta com sua trama ainda em curso – uma peça na qual todos nós somos, intermitente ou simultaneamente, auxiliares, contrarregras e personagens em cena. Mas ninguém poderia reivindicar melhor registro dos dilemas enfrentados pelos atores do que o que já foi feito nas palavras atribuídas a Marco Polo pelo grande Italo Calvino em *La città invisibili*:

> O inferno dos vivos não é algo que *será*: se existe um, é o que já está aqui, o inferno em que vivemos todos os dias, que formamos estando juntos. Há duas maneiras de não sofrê-lo. A primeira é fácil para muitos: aceitar o inferno e se tornar parte dele a ponto de não conseguir mais vê-lo. A segunda é arriscada e exige vigilância e preocupação constantes: procurar e saber reconhecer quem e o quê, no meio do inferno, não são inferno, e fazê-los durar, dar-lhes espaço.
>
> *L'inferno dei viventi non è qualcosa che sara; se ce n'è uno è quello que è già qui, l'inferno che abitiamo tutti i giorni, che formiamo stando insieme. Due modi ci sono per non soffrirne. Il primo riesce facile a molti: accetare l'inferno e diventarne parte fino al punto di non vedderlo più. Il secondo è rischioso ed esige attenzione e apprendimento continui: cercare e saper riconoscere chi e cosa, in mezzo all'inferno, non è inferno, e farlo durare, e dargli spazio.*

Se a vida numa sociedade de caçadores parece ou não uma vida no inferno é, evidentemente, tema de debate. A maioria dos caçadores experientes lhe dirá que ser um caçador entre outros tem seus momentos de alegria... O que dificilmente seria tema de discussão, contudo, é que "muitos" adotarão a estratégia que é "fácil para muitos", e portanto se tornarão "parte dele", não mais confundidos por sua lógica bizarra nem irritados por suas exigências ubíquas, impertinentes e, em muitos casos, extravagantes. Também fora de dúvida é a expectativa de que os homens e mulheres que lutam para descobrir "quem e o que não são inferno" precisarão encarar toda sorte de pressões para aceitar o que insistem em chamar de "inferno".

· Notas ·

1. A vida líquido-moderna e seus medos *(p.11-32)*

1. Milan Kundera, *L'art du roman*. Gallimard, 1986.
2. Jacques Attali, *La voie humaine*. Fayard, 2004.
3. Arundhati Roy, "L'empire n'est pas invulnerable". *Manière de Voir*, 75 (jun-jul 2004), p.63-6.
4. Citado de Matthew J. Morgan, "The garrison state revisited: civil-military implications of terrorism and security". *Contemporary Politics*, 10/1 (mar 2004), p.5-19.
5. Ver Alexander Hamilton, "The consequences of hostilities between states". In *The Federalist Papers*. New American Library, 2003.
6. David L. Altheide, "Mass media, crime, and the discourse of fear". *Hedgehog Review*, 5/3 (outono de 2003), p.9-25.
7. *Hedgehog Review*, 5/3 (outono de 2003), p.5-7.
8. Stephen Graham, "Postmortem city: towards an urban geopolitics". *City*, 2 (2004), p.165-96.
9. Ray Surette, *Media, Crime and Criminal Justice*. Brooks/Cole, 1992, p.43.
10. Ver Andy Beckett, "The making of the terror myth". *Guardian*, G2, 15 out 2004, p.2-3.
11. Ver Hughes Lagrange, *Demandes de securité*. Seuil, 2003.
12. Ver Victor Grotowicz, *Terrorism in Western Europe: In the Name of the Nation and the Good Cause*. PWN, Varsóvia, 2000.
13. Michael Meacher, "Playing Bin Laden's game". *Guardian*, 11 mai 2004, p.21.
14. Ver Maurice Druon, "Les stratégies aveugles". *Le Figaro*, 18 nov 2004, p.13.
15. Ver Deborah Orr, "A relentless diet of false alarms and terror hype". *Independent*, 3 fev 2004, p.33.
16. Ver Duncan Campbell, "The ricin ring that never was". *Guardian*, 14 abr 2005.
17. Ver "War on terror fuels small arms trade". *Guardian*, 10 out 2003, p.19.
18. Ver Conor Gearty, "Cry freedom". *Guardian*, G2, 3 dez 2004, p.9.
19. Ver Benjamin R. Barber em conversa com Artur Domoslawski, *Gazeta Wyborcza*, 24-26 dez 2004, p.19-20.

2. A humanidade em movimento *(p.33-60)*

1. Rosa Luxemburgo, *The accumulation of capital*, trad. Agnes Schwarzschild. Routledge, 1961, p.387, 416.
2. Ver Jeremy Seabrook, "Powder keg in the slums". *Guardian*, 1 set 2004, p.10 (um fragmento do livro *Consuming Culture: Globalization and Local Lives*, no prelo).
3. Ver Clifford Geertz, "The use of diversity". In *Available Light: Anthropological Reflections on Philosophical Topics*. Princeton University Press, 2000, p.68-88.
4. No tempo da Guerra do Golfo, "quando Saddam voltou seus helicópteros armados contra os curdos iraquianos, eles tentaram fugir para o norte, pelas montanhas, até a Turquia – mas os turcos recusaram sua entrada. Eles os fustigaram para mantê-los do outro lado da linha de fronteira. Ouvi um oficial turco dizer: "Nós odiamos esse povo. Essas porras são porcos." Assim, durante semanas, os curdos ficaram presos nas montanhas a 10 graus abaixo de zero, frequentemente só com as roupas que estavam usando ao fugirem. As crianças sofreram mais: disenteria, febre tifoide, desnutrição ..." (ver Maggie O'Kane, "The most pitiful sights I have ever seen", *Guardian*, 14 fev 2003, p.6-11).
5. Garry Younge, "A world full of strangers". *Soundings* (inverno de 2001-2), p.18-22.
6. Ver Alan Travis, "Treatment of asylum seekers 'is inhumane'". *Guardian*, 11 fev 2003, p.7.
7. Ver Alan Travis, "Blunkett to fight asylum ruling". *Guardian*, 20 fev 2003, p.2.
8. Ver Michel Agier, *Aux bords du monde, les réfugiés*. Flammarion, 2002, p.55-6.
9. Ibid., p.86.
10. Ver Fabienne Rose Émilie Le Houerou, "Camps de la soif au Soudan". *Le Monde Diplomatique*, mai 2003, p.28.
11. Ibid., p.94.
12. Ibid., p.117.
13. Ibid., p.120.
14. Ver Alan Travis, "UK plan for asylum crackdown". *Guardian*, 13 jun 2002.
15. Martin Bright, "Refugees find no welcome in city of hate". *Guardian*, 29 jun. 2003, p.14.
16. Ver Alan Travis, "Tough asylum policy 'hits genuine refugees'". *Guardian*, 29 ago. 2003, p.11.
17. Garry Younge, "Vilagers and the damned". *Guardian*, 24 jun 2002.
18. Ver Michel Foucault, "Of other spaces". *Diacritics*, 1 (1986), p.26.
19. Ver Loïc Wacquant, "Symbole fatale. Quand ghetto et prison se ressemblent et s'assemble". *Actes de la Recherche en Sciences Sociales* (set. 2001), p.43.
20. Cf. Loïc Wacquant, "The new urban color line: the state and fate of the ghetto in postfordist America". In Craig J. Calhoun (org.), *Social Theory and the Politics of Identity*, Blackwell, 1994; também "Elias in the dark ghetto", *Amsterdams Sociologisch Tidjschrift* (dez 1997).
21. Ver, de Michel Agier, "Entre guerre et ville". *Ethnography*, 2 (2004).
22. Stewart Hall, "Out of a clear blue sky". *Soundings* (inverno de 2001-2), p.9-15.

23. David Garland, *The Culture of Control: Crime and Social Order in Contemporary Society*. Oxford University Press, 2001, p.175.
24. Loïc Wacquant, "Comment la 'tolérance zéro' vint à l'Europe". *Manière de Voir* (mar-abr 2001), p.38-46.
25. Ulf Hedetoft, *The Global Turn: National Encounters With the World*. Aalborg University Press, 2003, p.151-2.
26. Ver Peter Andreas e Timothy Snyder, *The Wall Around the West*. Rowman and Littlefield, 2000.
27. Naomi Klein, "Fortress continents". *Guardian*, 16 jan 2003, p.23. O artigo foi primeiramente publicado no *Nation*.

3. Estado, democracia e a administração dos medos *(p.61-76)*

1. Robert Castel, *L'Insécurité sociale. Qu'est-ce qu'être protege?* Seuil, 2003, p.5.
2. Sigmund Freud, *Civilization and its Discontents*. Penguin Freud Library, vol. 12, p.274ss.
3. Castel, *L'Insécurité sociale*, p.6.
4. Ibid., p.22.
5. Para uma discussão mais ampla, ver, de minha autoria, *Individualized Society*, Polity, 2002.
6. Ibid., p.46.
7. Ver T.H. Marshall, *Citizenship and Social Class, and Other Essays*. Cambridge University Press, 1950.
8. Paolo Flores d'Arcais, "The US elections: a lesson in political philosophy: populist drift, secular ethics, democratic politics" (aqui citado a partir de uma tradução manuscrita de Giacomo Donis).
9. Cf. John Gledhill, "Rights and the poor". In *Human Rights in Global Perspective: Anthropological Studies of Rights, Claims and Entitlement* (orgs.), Richard Ashby Wilson e Jon p.Mitchell. Routledge, 2003, p.210ss (citando C.B. Macpherson, *The Political Theory of Possessive Individualism: Hobbes to Locke*, Oxford University Press, 1962).
10. John R. Searle, "Social anthology and free speech". Hedgehog Review (outono de 2004), p.55-66.
11. Ver Castel, *L'Insécurité sociale*, p.47ss.

4. Fora do alcance juntos *(p.77-98)*

1. Nan Ellin, "Fear and city building". *Hedgehog Review*, 5/3 (outono de 2003), p.43-61.
2. B. Diken e C. Laustsen, "Zones of indistinction: security, terror and bare life". *Space and Culture*, 5 (2002), p.290-307.
3. G. Gumpert e S. Drucker, "The mediated home in a global village". *Communication Research*, 4 (1996), p.422-38.
4. Stephen Graham e Simon Marvin, *Splintering Urbanism*. Routledge, 2001, p.285.

5. Ibid., p.15.
6. M. Schwarzer, "The ghost wards: the flight of capital from history". *Thresholds*, 16 (1998), p.10-19.
7. Manuel Castells, *The Informational City*. Blackwell, 1989, p.228.
8. Teresa Caldeira, "Fortified enclave: the new urban segregation". *Public Culture*, 8/2 (1996), p.303-28.
9. Nan Ellin, "Shelter from the storm, or form follows fear and vice versa". In *Architecture of Fear*, Nan Ellin (orgs.). Princeton Architectural Press, 1997, p.13, 26.
10. Steven Flusty, "Building paranoia". In *Architecture of Fear*, p.48-52.
11. Ver John Friedman, "Where we stand: a decade of world city research". In *World Cities in a World System*, P.L. Knox e P.J. Taylor (orgs.). Cambridge University Press, 1995; David Harvey, "From space to place and back again: reflections n the condition of postmodernity". In *Mapping the Futures*, Jon Bird et al. (orgs.), Routledge, 1993.
12. Michael Peter Smith, *Transnational Urbanism: Locating Globalization*, Blackwell, 2001, p.54-5.
13. Ibid., p.108.
14. Manuel Castells, *The Power of Identity*, Blackwell, 1997, p.25, 61.
15. Manuel Castells, "Grassrooting the space of flows", in *Cities in the Telecommunications Age: The Fracturing of Geographies*, J.O. Wheeler, Y. Aoyama e B. Warf (orgs.), Routledge, 2000, p.20-1.
16. Richard Sennett, *The Uses of Disorder: Personal Identity and City Life*, Faber, 1996, p.39, 42.
17. Ibid., p.194.
18. Ver Samuel Huntington, *The Clash of Civilizations and the Remaking of World Order*, Simon and Schuster, 1996.
19. Ver Mark Juergensmeyer, "Is religion the problem?", *Hedgehog Review* (primavera de 2004), p.21-33.

1ª EDIÇÃO [2021] 5 reimpressões

ESTA OBRA FOI COMPOSTA POR TEXTOS&FORMAS EM
MINION E FUTURA BOOK E IMPRESSA EM OFSETE PELA
GRÁFICA PAYM SOBRE PAPEL PÓLEN DA SUZANO S.A.
PARA A EDITORA SCHWARCZ EM AGOSTO DE 2024

A marca FSC® é a garantia de que a madeira utilizada na fabricação do papel deste livro provém de florestas que foram gerenciadas de maneira ambientalmente correta, socialmente justa e economicamente viável, além de outras fontes de origem controlada.